基于《课程标准》的课程纲要与教案研究

李　强　党东昉　魏　猛　主编

山东大学出版社

《基于〈课程标准〉的课程纲要与教案研究》

编　委　会

主　编：李　强　党东昉　魏　猛

编　委：房　燕　孔祥博　李　娇　李巧玲

刘　静　孟　谦　牛慧玲　宋云飞

王传蒙　王淑妹　徐　磊　杨　妹

于红梅　张铭琛　张　学　赵　辉

目　录

第一部分　基于《课程标准》的课程纲要和教案

1　一年级语文上学期课程纲要 / 3

教案1:秋天 / 6

教案2:小小的船 / 8

教案3:四季 / 10

2　二年级语文上学期课程纲要 / 12

教案1:植物妈妈有办法 / 15

教案2:日月潭 / 17

教案3:难忘的泼水节 / 19

3　三年级语文上学期课程纲要 / 21

教案1:小摄影师 / 27

教案2:秋天的雨 / 29

教案3:寓言两则 / 31

4　五年级语文上学期课程纲要 / 33

教案1:怀念母亲 / 38

教案2:晏子使楚 / 40

教案3:再见了,亲人 / 42

5　二年级数学上学期课程纲要 / 44

教案1:5 的乘法口诀 / 47

教案2:角的初步认识 / 50

6　五年级数学上学期课程纲要 / 53

教案1:用数对表示位置 / 57

教案2:分数乘整数 / 60

教案3:比的意义 / 62

7　三年级英语上学期课程纲要 / 64

教案1:What's your name? / 68

教案2:This is my mother / 70

教案3:She's a doctor / 72

教案4:How old are you? / 74

8 四年级英语上学期课程纲要 / 76
教案 1:We have Chinese / 81
教案 2:What's your hobby? / 83
教案 3:It will snow / 85
9 五年级英语上学期课程纲要 / 87
教案 1:He's excited / 91
教案 2:When is your birthday? / 93
教案 3:We had a football match / 95
10 三年级英语书写课程纲要 / 98
11 四年级英语书写课程纲要 / 102
12 五年级英语书写课程纲要 / 106
13 五年级音乐上学期课程纲要 / 109
教案:朝夕 / 113
14 一年级美术上学期课程纲要 / 115
教案 1:看谁涂得更好看 / 118
教案 2:画汽车 / 120
教案 3:剪剪撕撕贴贴画画 / 122
15 二年级美术上学期课程纲要 / 124
教案 1:杯子的设计 / 128
教案 2:茂密的花 / 131
教案 3:大树的故事 / 133
16 三年级美术上学期课程纲要 / 135
教案:对印版画 / 141
17 一年级道德与法治上学期课程纲要 / 145
教案 1:上课了 / 148
教案 2:玩得真开心 / 150
教案 3:美丽的冬天 / 152
18 五年级上学期信息技术项目课程纲要 / 154
教案 1:槐海探秘第 1 课时 / 159
教案 2:槐海探秘第 2 课时 / 161
教案 3:资料整理 / 162
第二部分 基于《课程标准》的教学反思与论文
1 为什么要写学期课程纲要 / 167
2 浅析小学段学期课程纲要订制“学生装”的必要性 / 169

3 课程纲要的内涵、设计与实施 / 172
4 如何撰写适合学期且符合《课程标准》的课程纲要 / 177
5 如何基于《课程标准》设计课时教案
——以鲁科版《英语》五年级下册“Unit6 Lesson1 What are you going to do this summer holiday?”为例 / 181
6 如何分解《语文课程标准》(2011 版)的目标与内容
——以“识字与写字”部分为例 / 184
7 如何分解《语文课程标准》(2011 版)的“目标与内容”
——以“综合性学习”为例 / 187
8 基于《课程标准》的小学生讲故事能力阶梯式有序培养目标分解 / 190
9 基于《课程标准》的教学活动设计 / 193
10 “教、学、评”一致性在课堂教学中的运用与实践
——《扇形统计图》磨课反思 / 195
11 小学低年级学生英语课外阅读新模式
——基于《课程标准》的“交互式阅读” / 197
12 基于《课程标准》的零起点“交互式”英语阅读课程初探 / 200
13 分级阅读对提高小学中高年级学生学习能力的探讨 / 203
14 课堂观察
——走向专业听评课的有效路径 / 206
15 统编小学《语文》一年级下册阅读教材分析及教学建议 / 210
16 统编小学《语文》一年级下册课程纲要解读 / 215
17 如何分解《语文课程标准》(2011 版)的目标与内容
——以“阅读”部分为例 / 218
18 “211”课堂观察模式的实践与反思 / 225
19 小学、初中教材重复内容与各学段教学要求探讨
——以信息技术课为例 / 229
20 浅谈基于《课程标准》的小学语文作业设计 / 231
21 小学《英语》五年级上册课程纲要解读 / 234
22 唐槐书院
——教师专业成长的舞台 / 238
23 话说“魅力唐槐” / 241

第一部分

基于《课程标准》的课程纲要和教案

1 一年级语文上学期课程纲要

课程名称：小学语文
课程类型：必修课程
教学材料：人民教育出版社义务教育教科书《语文》一年级上册
课时总数：112—130 课时
授课对象：一年级学生

一、背景分析

（一）课标分析

《课程标准》对本学期教学目标的基本要求：

1．学会汉语拼音。能读准声母、韵母、声调和整体认读音节；能准确地拼读音节，正确书写声母、韵母和音节。

2．喜欢学习汉字，有主动识字、写字的愿望；认识常用汉字 300 个左右，其中 100 个左右会写；掌握汉字的基本笔画和常用的偏旁部首，能按笔顺规则写字，把字写得正确、端正、整洁；初步养成良好的写字习惯，写字姿势正确；学习独立识字，能借助汉语拼音认读汉字。

3．喜欢阅读，感受阅读的乐趣；学习用普通话正确、流利地朗读课文；在阅读中积累词语；诵读儿歌和浅近的古诗，展开想象，获得初步的情感体验，感受语言的优美；认识逗号、句号等常用标点符号，认识自然段；积累古诗和名言警句。

4．学说普通话，逐步养成讲普通话的习惯；能认真听别人讲话；主动与别人交谈，态度自然大方，有礼貌；积极参加讨论，敢于发表自己的意见，有表达的自信心。

（二）教材分析

本册教科书按照主题单元编排学习内容，在“我上学了”之后，安排了2个识字单元、2个汉语拼音单元和4个课文单元。汉语拼音共13课，拼音与识字学词整合设计，同步进行。识字的编排遵循识写分流、多识少写的原则，重视打好识字写字的基础：结合识字，学习偏旁；结合写字，学习基本笔画和笔顺。课文语言典范，思想内涵全面，体裁多样，题材广泛，有利于儿童通过语言文字认识大千世界，发展阅读能力。

（三）学情分析

一年级学生进入小学学习，对新的学习和生活充满了好奇和兴趣，此时正是对他们进行教育的关键时刻，同时，他们的年龄较小，具有好动、易兴奋、易疲劳以及注意力容易分散的特点，因此，在教学中要尽量避免机械操练，要充分利用学生的已有生活经验，创设情境，采取活泼有趣的方式，创造性地进行教学，通过有效指导，激发学生的学习兴趣，为学生学习打下坚实的语文基础。

二、学期目标

1. 通过观察情境图，自编手指操、顺口溜等方法，读准声母、韵母、声调和整体认读音节；准确地拼读音节；正确书写声母、韵母和音节。

2. 通过韵语识字、看图识字、象形字识字、归类识字等识字方法，认识常用汉字300个左右；对照田字格里的范字，按笔顺规则正确书写100个字，把字写得正确、端正、整洁。

3. 通过教师范读，体会不同的标点所表达的不同语气；通过创设情境等方法，学习用普通话正确、流利地朗读课文，做到读准字音，读出轻声、儿化，不丢字，不添字，能正确停顿，能连词读。

4. 通过理解词语、扩展词语、归类识记的方式在阅读中积累词语、古诗和名言警句；借助课文的学习，认识逗号、句号等常用标点符号，认识自然段。

5. 通过创设情境、互动交流等方式进行口语交际，学说普通话，逐步养成讲普通话的习惯，做到能认真听别人讲话；主动与别人交谈，态度自然大方，有礼貌；积极参加讨论，敢于发表自己的意见，有表达的自信心。

三、课程实施建议

（一）课程资源

1. 义务教育教科书《语文》一年级上册，人民教育出版社出版。

2.《小学生学习园地·语文》一年级上册，山东科学技术出版社出版。

3. 课内资源：《小学生必背古诗75首》《日有所诵》《成语儿歌100首》《小学语文主题阅读》。

4. 课外阅读：教师向学生推荐的学期内必读书目、选读书目和与课文相关的文章，学生自己喜欢读的书。

（二）实施建议

1. 引导学生进行课前预习，包括将课文读熟（朗读2—3遍），画出文中的生字、词语，完成预习单等。

2. 在教学过程中，结合教材的文体特点，设计具体的学习活动，培养学生听、说、读、写的能力。

3. 引导学生利用课余时间阅读课外书籍，每天阅读15—30分钟，并背诵古诗一首。

4. 课内外实践活动。

四、课程评价

（一）评价指标

评价指标由过程性评价（30分）和终结性评价（70分）两项构成。

1. 过程性评价：

过程性评价（30分）= 识字与写字（10分）+ 阅读理解（10分）+ 口语交际（5分）+ 综合性学习（5分）。

2. 终结性评价：

终结性评价主要以综合纸笔测验评分为准。

终结性评价（70分）= 期中考试成绩（20分）+ 期末考试成绩（50分）。

注：期中及期末考试满分均为100分，折合相应分数计入。

（二）评价结果处理

以上两项内容以百分制计算，所有成绩最后将转化为对应等级：优（90分及90分以上）、良（80—89分）、合格（60—79分）、不合格（60分以下）。按学校有关规定，对于成绩不合格者，学校提供一次补考机会。

教案1：秋天

内容来源：统编小学《语文》教材一年级上册第4单元第1课

课　　时：本单元共12课时，第1课时

授课班级：一年级8班

课标条目：

1. 认识常用汉字1600个左右，其中800个左右会写。
2. 掌握汉字的基本笔画和常用的偏旁部首，能按笔顺规则写字。
3. 学习用普通话正确、流利地朗读课文。

教学目标：

1. 通过加一加、做动作、扩词等方法，正确认读“秋、气”等10个生字；重点书写“了、子”2个字。
2. 认识自然段。
3. 通过教师范读、倾听、模仿和比较等方式，正确朗读课文，不丢字，不添字，能正确停顿，读好“一”的不同读音。

评价任务：

1. 读课文中的生字，在田字格中书写“了、子”2个字。（检测目标1）
2. 给课文标自然段序号。（检测目标2）
3. 朗读课文。（检测目标3）

教学板块	教学过程
导入	一、创设情境，导入新课 1. 导入：大自然是一幅多姿多彩的画卷！现在让我们走进美丽的大自然中，去欣赏那迷人的景色吧！ 2. 播放秋季美丽景色的图片，引导学生欣赏美丽的画面。
活动一 （识字与写字）	二、初读课文，学习生字 过渡：伴随着阵阵秋风，秋姑娘把生字宝宝送来了。 1. （课件出示生字：片、气、了、大、飞、秋、树、叶、会、个）自由读。你觉得哪个字最难记？谁有好办法能记住这些字？快跟大家说说自己的好方法吧！ 2. 在认读中交流、总结识记生字的方法。 可以采用加一加的方法识记“秋、叶、会、树”；可以采用做动作的方法识记“飞”；可以采用补充“一片（　）、一个（　）”的方法识记“片、个”。 3. 齐读、小老师领读、指名读、去掉拼音开火车读。 三、引导观察，指导书写 过渡：有个生字宝宝真调皮，他藏到枫叶后面了，让我们看看他是谁？

（续表）

教学板块	教学过程
活动一 （识字与写字）	1. 课件出示本节课要书写的一个字"了"。观察一下，要想写好这个字，你觉得最应该写好哪一笔？ 2. 学习新笔画"横撇"，学生跟随课件演示书空"了"的笔顺。 3. 教师范写。 过渡：生字宝宝"了"，还有个好朋友呢！（出示"子"）你能说说他们哪里长得不像吗？ 4. 运用迁移法学习"子"的书写。 5. 学生练习在田字格中描红，自己练习写两遍"了、子"。 6. 投影展示，师生评议，教师根据学生的书写情况相机指导。
活动二 （认识自然段）	四、初读课文，整体感知 过渡：把生字宝宝放入课文中，你能不能读好呢？ 1. 学生借助拼音自读课文。一边读，一边用笔圈画不认识的生字。 2. 认识自然段。师：同学们，前面我们学习了字、词语和句子，几个句子在一起，就组成了段。一篇文章往往是由几个自然段组成的，开头空两格的地方就是一个自然段。（课件出示课文全文，每个自然段前面有两个红色的方格，在第一自然段前面标上序号） 3. 数一数课文有几个自然段，像老师这样在每个自然段前面标上序号吧！ 4. 教师检查学生标注自然段的情况。
活动三 （朗读课文，读准"一"的变调）	五、品读课文，学习朗读 过渡：秋天到了，秋姑娘来到我们身边，我们周围发生了很多的变化，请同学们大声朗读课文，想一想，课文写了秋天的哪些变化？ 1. 教读轻声。 （1）出示"了"字。这是一个特别的字，没有四声，怎么读呢？要点：轻声字的朗读要领是"轻而短"。教师示范，学生跟读。 （2）出示带"了"的词语：凉了、黄了、来了。谁会读这些词语？哪些词语也带"了"字？试着读一读。 2. 教读变调。 （1）出示"一"字。这个字怎么读呢？学生读。 （2）出示带"一"的词串：一片片叶子、一群大雁、一会儿、排成个"一"字。听老师范读，你有什么发现？ （3）个人练读。（读准"一"的变调） 3. 配乐指名朗读。 秋天真是个美丽的季节，我们一边欣赏画面、一边朗读吧！
小结	同学们，秋天是个美丽的季节，让我们跟随秋姑娘的脚步去继续寻找秋天吧！把你找到的秋天画一画，跟爸爸、妈妈说一说……

教案2：小小的船

内容来源：统编小学《语文》教材一年级上册第4单元第2课

课　　时：本单元共12课时，第3课时

授课班级：一年级8班

课标条目：

1. 认识常用汉字1600个左右，其中800个左右会写。
2. 掌握汉字的基本笔画和常用的偏旁部首，能按笔顺规则写字。
3. 学习用普通话正确、流利地朗读课文。
4. 在阅读中积累词语。借助读物中的图画阅读。

教学目标：

1. 通过编字谜、做动作等方法，正确认读“的、船”等10个生字。重点书写“月、儿”2个字。
2. 通过教师范读、结合插图等方法，正确、流利地朗读课文，感受夜空的美丽。
3. 仿照例子，用简单的叠词说“的”字短语，积累“的”字短语。

评价任务：

1. 读课文中的生字，在田字格中书写“月、儿”2个字。（检测目标1）
2. 朗读课文。（检测目标2）
3. 照样子说一说。（检测目标3）

   船　小小的船　月儿　弯弯的月儿

   星星　闪闪的星星　天　蓝蓝的天

教学板块	教学过程
导入	一、揭题激趣 今天，我们来学习一首儿歌，一起读读课题——“小小的船”。
活动一 （识字与写字）	二、识字写字 蓝蓝的夜空中，星星一闪一闪地眨着眼睛，多美呀！生字宝宝也赶来欣赏美景了，可调皮的生字宝宝却躲在了星星后面，让我们把他们喊出来。（出示生字） 1. 说说你是用什么好方法记住这些生字的。结合学生的回答，归纳总结： 编字谜的方法：一横一框，一对小人藏中央。（两） 做动作的方法：将一只手罩在眼睛上往远处看。（看） 一拓多的方法：闪——间、问、闭、闷、闯、闲。

（续表）

教学板块	教学过程
活动一 （识字与写字）	2. 指导书写“月、儿”。 （1）认识新笔画：横折钩、竖弯钩。 （2）指导笔画写法：写横折钩时要注意，折角要有力，勾画向左轻轻挑；写竖弯钩时要注意，竖画直，弯处要圆，好像抱着一个小球，横画平，钩画向右，钩尖朝上。 （3）教师示范。写字口诀：月儿弯弯，撇画弯弯，折角有力，钩尖上挑，两横短小，平行相让。撇起笔低，竖弯钩起笔高，两个笔画之间的距离要适当。 （4）学生练习，教师点评。
活动二 （朗读课文）	三、朗读感悟 （出示：弯弯的月儿、小小的船、闪闪的星星、蓝蓝的天） 1. 男生、女生比赛读，说说你有什么发现。 2. “的”前面两个字是一样的。弯弯的、小小的、闪闪的、蓝蓝的，都是重叠的词。 （出示：弯弯的月儿—弯的月儿、小小的船—小的船、闪闪的星星—闪的星、蓝蓝的天—蓝的天） 3. 自己读一读，看看有什么不同。 4. 用上这样重叠的词，读起来更上口、更好听。用上这样重叠的词，句子更加形象，读起来感觉更美。 5. 弯弯的月儿哪里像小小的船呢？看到这么可爱的月亮船，你们想做什么？ 6. 让我们再来把课文美美地读一读吧！
活动三 （拓展练习）	四、模仿积累 1. 教师出示词语。（船、小小的船，月儿、弯弯的月儿，星星、闪闪的星星，天、蓝蓝的天） 2. 学生开双人火车朗读（一人读词，一人读词组），体会不同的感觉。 3. 说一说生活中还有什么是“弯弯的”“小小的”“闪闪的”“蓝蓝的”。 4. 学生照样子说一说，教师相机指导。
小结	这节课我们学习了《小小的船》，知道了这不是一只普通的船，而是弯弯的月儿，是月亮船。回去把这首儿歌读给爸爸、妈妈听听，也可以和爸爸、妈妈一起唱唱这首儿歌。

教案3：四季

内容来源： 统编小学《语文》教材一年级上册第4单元第4课

课　　时： 本单元共12课时，第7课时

授课班级： 一年级8班

课标条目：

1. 认识常用汉字1600个左右，其中800个左右会写。
2. 掌握汉字的基本笔画和常用的偏旁部首，能按笔顺规则写字。
3. 学习用普通话正确、流利地朗读课文。
4. 在阅读中积累词语，借助读物中的图画阅读。

教学目标：

1. 通过观察图片、做动作等方法，正确认读“尖、说”等9个生字，重点书写“天、是”2个字。
2. 通过教师范读、创设情境等方法，正确、流利地朗读课文，了解四季的特征。
3. 仿照课文内容，说说自己喜欢的季节。

评价任务：

1. 读课文中的生字，在田字格中书写“天、是”2个字。（检测目标1）
2. 朗读课文。（检测目标2）
3. 练习创编诗句。（检测目标3）

　　________，
　　他（她）对____说：
　　“我是________天。”

教学板块	教学过程
导入	一、画面渲染，激情导入 1. （出示四季风景图片）你们知道这是什么季节吗？你是从哪里看出来的？ 2. （板书：春、夏、秋、冬）今天让我们一起走进四季，去欣赏四季的美丽景色。（板书：四季）
活动一（识字与写字）	二、多渠并进，识字写字 1. 检查初读情况。小朋友们，小火车开进花园啦！请大家擦亮眼睛，看看大树上的生字宝宝，喊喊他们的名字，和他们交朋友吧！ （1）引导学生用加一加、比一比、换偏旁、猜谜语等多种方法识记生字。 （2）读一读，说一说。 草芽　尖尖　草芽尖尖 荷叶　圆圆　荷叶圆圆 谷穗　弯弯　谷穗弯弯

（续表）

教学板块	教学过程
活动一 （识字与写字）	菜花　____　________ 苹果　____　________ ____　____　________ 2. 指导书写“天、是”。 （1）找找两个字的共同点。（都有横、撇、捺） （2）观察撇、捺在这两个字中的不同点。（位置不同，大小不同） （3）教师范写。“天”：一横稍短，二横稍长压中线，撇捺舒展，上收下放。“是”：短撇在左下，平捺穿过竖中线。 （4）学生练习，对照标准，师生评议。
活动二 （朗读课文）	三、丰富想象，品读课文 1. 品读第一句。 （1）指名朗读，其他同学一边听，一边看图，同时思考：怎样把句子读好？ （2）引导想象：我们郊游的小火车来到了春天。春风吹拂，小草从地里钻出了尖尖的脑袋，他会怎么说呢？ （3）学生加上动作，配合音乐画面自由地演读。 2. 品读第二句。 着重引导学生读好荷叶自豪的话语。 3. 品读第三句。 引导学生想象谷穗成熟的样子，加上动作，边读边演边体会。 4. 品读第四句。 引导学生体会“顽皮”的意思，指导学生加上动作朗读。 5. 品读全文并总结。 刚刚，我们跟着草芽、荷叶、谷穗和雪人认识了春天、夏天、秋天和冬天。春天、夏天、秋天、冬天，合起来就是四季。
活动三 （仿写课文）	四、想象说话，创编诗歌 1. 拓展想象：小朋友们，春天还有哪些景物？他们会对谁说话呢？ 2. 练习创编诗歌。 ____________， 他（她）对____说： “我是春天。” 3. 就像第一小节为春天创作小诗一样，你最喜欢哪个季节？仿照课文说一说。 ____________，　　　　____________， 他（她）对____说：　　　　他（她）____说： “我是________。”　　　　“我就是________。” 4. 学生自编新诗。 5. 交流展示自编的诗歌，教师相机评价指导。可以尝试一人一个季节，按照春、夏、秋、冬的顺序，合作成一篇《四季新编》。
小结	同学们，本节课我们了解了四季不同的特征，请你们回家找找描写四季方面的小诗，认真品读并介绍给自己的小伙伴。

2 二年级语文上学期课程纲要

课程名称：小学语文
课程类型：必修课程
教学材料：人民教育出版社义务教育教科书《语文》二年级上册
课时总数：128—140 课时
授课对象：二年级学生

一、背景分析

（一）课标分析

二年级上学期是第一学段中的第三个学期。经过两个学期的语文学习，孩子们已经开始喜欢学习汉字，有了主动识字、写字的愿望。本学期需要认识常用汉字450 个左右，其中 250 个左右会写。在书写汉字时，能按笔顺规则用硬笔写字，注意间架结构，初步感受汉字的形体美。在阅读方面，继续学习用普通话正确、流利、有感情地朗读课文；学习默读的方法，认识课文中出现的常用标点符号；在阅读中体会句号、问号、感叹号所表达的不同语气；积累自己喜欢的成语和格言警句。在写话方面，能写自己想说的话，写想象中的事物，乐于运用学到的词语，能正确使用逗号、句号、问号、感叹号等。

（二）教材分析

根据学生的认知特点，本册教科书设计了 8 个专题，选编了 25 篇文质兼美、贴近儿童生活的文章，由浅入深地总结、归纳了读书写字的方法。因此，语文学习要在正确、流利地朗读课文和正确识字、写字的基础上，更注重书写及阅读方法的习得，这也是本册的学习重点。

（三）学情分析

二年级学生在经过了一年的语文学习后，已初步具备一定的听、说、读、写能力。在识字过程中，多数学生能自主识字，但掌握的识字方法有限。在写字过程中，多数学生能正确书写，对笔画的书写较为重视，但对偏旁部首结构的掌握还有所欠缺。在阅读过程中，应在朗读方面多下功夫，教师应给予充分关注和引导。教师要引导学生多背诵中华古诗文，使其养成每日阅读书籍的习惯；注重对学生课外识字能力的培养，逐步提高学生的语文素养。

二、学期目标

1. 通过阅读、背诵古诗文、生活识字等方法进行识字活动，能主动借助字典独立识字，能够认识常用汉字 450 个左右。

2. 通过生字微课、朗读偏旁口诀、部首归类等形式掌握偏旁部首。会写常用汉字 250 个左右。基本掌握汉字的笔顺规则，按照正确的执笔姿势认真书写铅笔字，力求在书写端正的基础上把字的间架结构安排得均匀得体。

3. 通过朗读、默读、诵读等多种阅读方法学习课文，能用普通话流利地朗读课文，不丢字，不添字，声音响亮。默读时不发声，不动嘴唇，不指读。

4. 通过观察、阅读、搜集资料等方式学习积累。学习用响亮的口头语言，抑扬顿挫地背诵或朗读儿歌、儿童诗和浅近的古诗，并能根据表达的需要，体会逗号、句号、问号和感叹号所表达的情感。

5. 在积累和看图写话中，能用几句话表达自己的见解，并能正确使用逗号、句号、问号、感叹号。

6. 通过创设情境、交流互动等方式进行口语交际，在讨论交流、听故事等活动中，养成认真倾听他人发言的习惯，懂得尊重他人，有礼貌。

7. 通过游戏、朗诵、比赛等方式开展综合性学习活动，感受语言美，提高语言文字的运用能力。

三、课程实施建议

（一）课程资源

1. 义务教育教科书《语文》二年级上册，人民教育出版社出版。

2. 《小学生学习园地 · 语文》二年级上册，山东科学技术出版社出版。

3. 课内、课外资源：教材是教学的重要依据，研讨理解教材，根据学生的实际情况，再对教材进行二次开发；运用各种教学资源进行教学，如教学挂图、工具书、其他图书、报刊，电影、电视、广播、网络，报告会、演讲会、辩论会、研讨会、戏剧表演，等等。自然风光、文物古迹、风俗民情，国内外的重要事件，以及日常生活话题等，也都可以成为语文课程的资源。

（二）实施建议

1. 引导学生进行课前预习，包括将课文读熟（朗读 2—3 遍），画出文中生字、词语，完成预习单等。

2. 在教学过程中，结合教材的文体特点，设计具体的学习活动，培养学生听、说、读、写的能力。

3. 利用课余时间阅读课外书籍，每天阅读 15—30 分钟，并背诵古诗一首。

4. 课内外实践活动。

四、课程评价

（一）评价指标

评价指标由过程性评价（30 分）和终结性评价（70 分）两项构成。

1. 过程性评价：

过程性评价（30 分）= 识字与写字（5 分）+ 阅读理解（10 分）+ 写话（5 分）+ 口语交际（5 分）+ 综合性学习（5 分）。

2. 终结性评价：

终结性评价主要以综合纸笔测验评分为准。

终结性评价（70 分）= 期中考试成绩（20 分）+ 期末考试成绩（50 分）。

注：期中及期末考试满分均为 100 分，折合相应分数计入。

（二）评价结果处理

以上两项内容以百分制计算，所有成绩最后将转化为对应等级：优（90 分及 90 分以上）、良（80—89 分）、合格（60—79 分）、不合格（60 分以下）。按学校有关规定，对于成绩不合格者，学校提供一次补考机会。

教案1：植物妈妈有办法

内容来源：统编小学《语文》教材二年级上册第1单元第3课

课　　时：本单元共10课时，第6课时

授课班级：二年级8班

课标条目：

1. 认识常用汉字1600个左右，其中800个左右会写。
2. 学习用普通话正确、流利、有感情地朗读课文。学习默读。
3. 认识课文中出现的常用标点符号。在阅读中体会句号、问号、感叹号所表达的不同语气。

教学目标：

1. 会认“旋、蒲、降”等12个生字，会写“豆、纷”等生字。
2. 读课文时，不丢字，不添字，注意根据诗歌的特点适当停顿。
3. 在引导学生观察大自然、朗读课文的过程中，培养学生热爱大自然的情感，激发他们探究植物奥秘的兴趣和欲望。

评价任务：

1. 课文写了哪几种植物？请从课文中圈画出来。同桌之间互相评价。
2. 朗读课文第一小节，出示评价标准：不丢字，不添字，不重复；声音洪亮；能根据标点适当停顿。
3. 同桌之间互相检查12个生字的认读情况。

教学板块	教学过程
导入	一、从“旅行”导入，学习第一小节 1. 教师与学生交流旅行生活，引出植物也会旅行的话题。 2. 本课的第一节提出了一个问题，这个问题是什么？读第一节。 3. 读一读这个问题，读出问的语气。
活动一	二、初读课文，整体感知 1. 自由读课文，读准每个字的字音。 2. （课件出示生字）认读生字，拼读，正音。 3. 指名分节读全文，思考：课文写了哪几种植物？（在黑板上贴三幅图）

（续表）

教学板块	教学过程
活动二	三、重点学习第二、三、四小节，随文识字 1. 自己读这三个小节。 思考：三位植物妈妈的办法是什么？你最喜欢谁的办法？ 2. 给同桌讲讲你最喜欢谁的办法。 3. 学生汇报，教师相机指导。
活动三	四、分段学习，指导书写 1. 学习第二小节。 读这一小节。认读词语：蒲公英、降落伞、娃娃、纷纷。播放动画，理解蒲公英传播种子的方法。指导朗读这一小节，小组内评价朗读情况。 2. 学习第三小节。 指名读第三小节。（课件）认读词语：苍耳、铠甲、山洼。指导学生有感情地朗读。 3. 学习第四小节。 又有一些孩子要离开妈妈了，这些蹦着跳着离开妈妈的是谁？齐读本小节。认读词语：豌豆、“啪”的一声、炸开、蹦着跳着。分组比赛读，加上动作练习读。 4. 指导生字书写。 出示生字“豆”，让学生先观察字形，说一说书写要领，抓住关键笔画指导书写。教师范写，学生练习，小组评价。 五、想象 1. 这些孩子离开妈妈后会去哪些地方？去干什么？这就是——四海为家（板书）。 2. 这些孩子虽然长得不一样，但有一个共同的名字叫什么？（种子）种子的旅行就是植物传播种子的过程。 3. 通过“小小降落伞”游戏，进行集中识字。
小结	通过课前查资料，你知道了哪些植物传播种子的方法？说一说。

教案2：日月潭

内容来源：统编小学《语文》教材二年级上册第4单元第10课

课　　时：本单元共10课时，第6课时

授课班级：二年级8班

课标条目：

1. 认识常用汉字1600个左右，其中800个左右会写。
2. 学习用普通话正确、流利、有感情地朗读课文。学习默读。
3. 认识课文中出现的常用标点符号。在阅读中体会句号、问号、感叹号所表达的不同语气。

教学目标：

1. 能随文识字，结合看图画、联系句子意思等方式，会认“胜、迹”等12个生字，会写“茂、展”等生字。
2. 正确认读多音字“倒”，积累文中的四字词语和优美句子。
3. 通过自由读、小组读、老师范读等形式，感受日月潭的秀丽风光。

评价任务：

1. 同桌之间互评课文第二自然段的朗读情况，评价标准：不丢字，不添字，尽量把日月潭的美通过朗读表达出来。
2. 生字书写。

   书写“展、茂”二字，出示评价标准，小组内根据标准评价书写情况。

教学板块	教学过程
导入	一、情境导入 1. 情境导入（了解“日月潭”名字的来历）。 2. 师问：从课题中你知道了什么？让学生来说一说。
活动一 （初读课文，学习比喻句）	二、初读课文，感知内容 1. 朗读课文，标出自然段，圈画生字。 2. 出示文中的段落，学生读。 （1）你发现了什么？感受到了什么？ （2）出示句子，让学生自己发现句子的特点，说一说哪一句写得更好。 3. 教师指导方法：加上合适的形容词，能使句子变得更加生动、形象、具体。出示句子，学生完成填空训练。 4.（出示日月潭湖水的图片）学生说一说感受，并有感情地朗读课文。

（续表）

教学板块	教学过程
活动二 （读课文，了解位置和美景）	三、欣赏美景，美文美读 过渡：请大家自由朗读课文第三自然段和第四自然段，把你认为风景很美的句子找出来，用笔画一画，大声读一读，然后再和大家一起分享你看到的美景。 课件出示：清晨美景（图片）。师问：清晨的日月潭美在哪里呢？学生自由回答。教师找出具体的词句，问学生感受到了什么。训练朗读，学生赛读，并生生评价，教师小结。
活动三 （结合语境理解重点词语）	四、欣赏美景，重点赏析 1. 课件出示：中午美景（图片）。师问：这是什么时候的日月潭呢？你们看到了图上的哪些美景呢？学生自由回答，教师相机板书：群山环绕、树木茂盛、名胜古迹。让学生根据图片来理解词语。多种形式读，让学生好好感受一下日月潭晴天的美丽！ 2. 课件出示：雨中美景。教师问：哪些词让你们感受到了日月潭的另一种美呢？学生自由回答，并根据图片来理解词语。让学生进行想象，适当拓展词语的意思。 3. 要欣赏美景，就得有一份美好的心情，让我们带着这种心情来读文章第三、四自然段吧！分角色朗读。 4. 请细心的小朋友再从文中找找，哪一个词的意思是说日月潭的风景是十分美丽的呢？学生回答，教师板书：风光秀丽。理解词语并训练说话。 5. 指导书写生字“茂、展”。 （1）观察生字的间架结构，提醒学生书写时要注意的笔画。 （2）教师范写，学生书空。 （3）学生书写，提醒坐姿。 （4）小组内展示评议。
小结	有游客就会有导游，如果让你当个小导游，你能把日月潭的美景介绍给在座的各位游客吗？请学生试试（按照名字来历、地点、美景三方面来讲）。

教案3：难忘的泼水节

内容来源：统编小学《语文》教材二年级上册第6单元第17课

课　　时：本单元共11课时，第6课时

授课班级：二年级8班

课标条目：

1. 认识常用汉字1600个左右，其中800个左右会写。
2. 学习用普通话正确、流利、有感情地朗读课文。学习默读。
3. 认识课文中出现的常用标点符号。在阅读中体会句号、问号、感叹号所表达的不同语气。

教学目标：

1. 会认12个生字，会写半包围结构的生字“凰”字。
2. 朗读课文时，不丢字，不添字，能注意句子的停顿；对傣族的泼水节有初步的了解，对周总理和人民心连心有一定的认识。
3. 通过朗读课文最后三个自然段，体会文章连用四个感叹号的作用，并能读好这三个自然段。

评价任务：

1. 能够在田字格中规范地写出“凰”字。出示小组评价标准。
2. 从课文第四、五自然段中，找一找描写周总理外貌、动作的句子，在小组内汇报。
3. 朗读课文最后三个自然段，做到不丢字，不添字，能读好带有感叹号的句子。

教学板块	教学过程
导入	一、谈话导入 1. 谈话导入，说一说你知道的少数民族的节日。 2. 教师板书“泼水节”，学生同步书写。注意：“泼”字右边是“发”字。
活动一 （检查字词，指导书写）	二、识字与书写 1. 出示本课带拼音的生字。学生自由练习。 2. 让学生说一说记住生字的方法。 3. 本课重点学习半包围结构的生字“凰”的写法。指导学生写“凰”字，出示“凰”字的微课教学。

（续表）

教学板块	教学过程
活动二（找动词，体会用法）	三、朗读课文，体会动词的用法 学生自由朗读课文，并思考：课题为什么是《难忘的泼水节》？让学生用一两句话来说一说。 1. 教师出示课件，让学生了解周总理工作的繁忙与重要，简单介绍《一夜的工作》。 2. 思考：傣族人民是怎样欢迎周总理的？学生读第三自然段。出示课文句子。 3. 找一找描写人们动作的词语。（敲、赶、撒、驶、升、欢呼）在学生找出词语以后，表演“敲”，体会人们那种愉悦的心情。对比理解“赶”和“走”的不同，体会“赶”字的巧妙，让学生说想法。找两个同学来读一读，学生评价。 4. 创设情境，教师采访学生，说一说和周总理一起过泼水节的心情。 5. 周总理来了，他和傣族人民是怎么过泼水节的？ 学生读课文第四、五自然段。找到描写周总理外貌的句子，识记生字“褂、襟”。找到描写周总理动作的句子，练习用“一手……一手……”“一边……一边……”说话。
活动三（朗读并体会感叹号的用法）	四、朗读与感悟 1. 出示课文最后三个自然段。 2. 配乐朗读课文最后三个自然段，让学生在欢快的音乐声中感受傣族人民和周总理一起过泼水节的幸福和快乐。 3. 课文题目为什么是《难忘的泼水节》？让学生来回答一下。
小结	周总理日理万机，每天要处理很多国家大事，可他还是在百忙之中抽出时间来参加了傣族人民一年一度的泼水节，与人民心连心，同享幸福与快乐，多么可亲可敬啊！

3 三年级语文上学期课程纲要

课程名称：小学语文
课程类型：必修课程
教学材料：山东教育出版社义务教育课程标准实验教科书《语文》三年级上册
课时总数：126—140 课时
授课对象：三年级学生

一、背景分析

（一）课标分析

本学段要求学生学会使用字典，有初步的独立识字能力。开始练习用钢笔书写正楷字，用毛笔描红。在阅读方面，用普通话正确、流利、有感情地朗读课文；继续学习默读，能对课文中不理解的地方提出疑问；能联系上下文，借助字典、词典和生活积累，理解词句的意思；初步体会课文中关键词句在表达情意方面的作用；初步把握文章的主要内容，初步体会文章表达的思想感情；开始学习略读，粗知文章大意；积累课文中的优美词语、精彩句段。开始练习习作，不拘形式地写出见闻、感受和想象。愿意将自己的习作读给他人听，与他人分享习作的快乐。讲述故事时，努力做到具体生动，用语言打动他人；讲述见闻时，努力做到清楚明白，能说出自己的感受和想法。感受生活的丰富多彩，激发对生活的热爱；了解祖国壮丽的山河、富饶的物产，培养热爱祖国、热爱自然的思想感情；激发民族自豪感；学习革命领袖、科学家的优秀品质；受到关爱他人的思想品德教育；在发展语言能力的同时，启迪思想，培养留心观察、善于思考的能力。学习观察大自然、观察社会，书面与口头结合表达自己的观察所得。

（二）教材分析

三年级上学期属于进入中年级的第一学期，是低年级进入中年级的衔接过渡学期。三年级上册教科书既继承了低段教科书选文形式多样的特点，又有所拓展。除了低段教科书中常见的诗歌、散文、故事、童话、神话、传说、寓言等体裁，本册又增加了大量的说明文，从而使文体更加丰富。学习内容增多，难度提升，学生需要付出更多的努力，如果马虎的话，成绩很容易大幅下滑。

（三）学情分析

本学期是打基础的一年，不管是在写钢笔字方面还是在写作文方面，都提出了新的要求。学生初学钢笔字、毛笔字，运笔技能弱，不要注重写字数量，而是强调写字质量。在阅读方面，初步把握文章的主要内容，初步体会文章表达的思想感情，学习略读，粗知文章大意。通过口语交际课和实践活动提高学生的口语表达和人际交往能力，并引导学生自主进行评价。在习作方面，注重培养学生的习作兴趣，学生要敢想敢写。本学期要逐步培养学生的自主学习能力，包括自主识字、课前预习、自由朗读课文的能力等；重点培养学生的学习习惯及听、说、读、写的能力。

二、学期目标

1. 能通过查字典、词典等各种识字方法识记汉字。认识常用汉字 315 个左右，累计认识常用汉字 2140 个左右。尝试独立识字，初步养成自主识字的习惯。对学习汉字感兴趣。

2. 会写常用汉字 300 个左右，累计会写常用汉字 1475 个左右。通过临写、摹写等方式练习用钢笔写字。学习按照正确的执笔姿势书写正楷字，做到正确、端正、整洁，行款整齐，每分钟写 7 字左右。对书写汉字感兴趣。

3. 用普通话流利地朗读课内外接触到的文章。学习用声音的变化来表现作品内容和情感。练习默读，基本做到不发声读，不动嘴唇，不用手指着读。边读边思考，能大体说出文章大意。开始学习略读。

4. 能够对课文中不理解的地方提出疑问，能联系上下文，借助工具书和生活积累，理解词句的意思。能用比较简洁的语言概括出大体文章内容，并初步体会文章表达的思想感情。

5. 初步感受叙事性作品中生动的形象和优美的语言，体会作品中人物的情感。诵读优秀诗文，能通过想象基本领悟诗文大意。

6. 在课内外阅读中，通过背诵或摘抄积累词语、句段。养成读书看报的习惯，背诵优秀诗文 10 篇，课外阅读总量不少于 10 万字。喜欢与他人交流自己的阅读感受。

7. 借助阅读理解、范文仿写等方法，尝试习作练习，做到语句通顺，能正确使用标点符号。不拘形式地写下自己的见闻、感受和想象。乐于书面表达，愿意与他人分享自己的习作。

8. 完成课内主题单元习作 8 次左右，课内外小练笔（片段练习）8 次左右。要求：40 分钟之内完成，不少于 300 字。初步学习修改习作中的错别字和不通顺的句子。

9. 能用普通话交谈。尝试讲出自己读过的故事，语言具体生动。听人说话能把握大体内容，并能简要转述。学习清楚明白地讲述见闻，简单说出自己的感受和想法。

10. 参与简单的语文主题活动，能主动观察大自然、观察社会，在教师的协助下尝试有目的地搜集资料，质疑讨论，尝试合作。在活动中积累语文知识，尝试用书面或口头方式简单表达自己的观察所得。

三、课程实施建议

（一）课程资源

1. 义务教育课程标准实验教科书《语文》三年级上册，山东教育出版社出版。

2.《小学生学习园地·语文》三年级上册，山东科学技术出版社出版。

3. 课内、课外资源：教材是教学的重要依据，研讨理解教材，根据学生的实际情况，再对教材进行二次开发；运用各种教学资源进行教学，如教学挂图、工具书、其他图书、报刊，电影、电视、广播、网络，报告会、演讲会、辩论会、研讨会、戏剧表演，等等。自然风光、文物古迹、风俗民情、国内外的重要事件，以及日常生活话题等，也都可以成为语文课程的资源。

（二）实施建议

1. 课前自学要求：新课学习前要先预习 10 分钟，预习包括画出文中生字、词语，生字认读，将课文读熟（朗读 2—3 遍），完成预习单等。

2. 课上活动要求：结合教材的文体特点，设计具体的学习活动，培养学生听、说、读、写的能力。

3. 课后活动要求：每天阅读课外书籍 15—30 分钟（默读）。动笔写一写，每天练习 10 分钟左右。

4. 课内外实践活动安排：

活动内容	活动准备	活动形式
记录自己的课余生活	相关表格资料及生活图片。	在父母的协助下，同学们可以根据自己的喜好或家庭住址自由分组。学生利用课余时间与小伙伴开展有益的课余活动，并选择自己喜欢的方式记录下来。教师可选择三四组参与指导，其他组的课外活动可请家长参与帮助。
《夏洛的网》读书交流会	好书提前读，推荐阅读《夏洛的网》。	各读书小组成员分别推选一位代表进行汇报。小组成员向汇报人员提问，其他小组成员进行提问，学生总结读书收获。
“故事大王”比赛	寻找、准备相关故事。	小组推选队员参加讲故事比赛。参赛选手从课外阅读的书中任意选择一个有教育意义的故事进行讲述，要求故事内容积极、健康，充分体现积极进取、健康向上的精神风貌，有一定的教育意义。故事讲述时间应控制在6分钟以内，参赛学生必须脱稿独立完成。
寻找生活中的传统文化	学生分组收集、整理与中华传统文化相关的资料，形式为图片、诗朗诵、语言汇报、小作文、手抄报等。	根据主题分组，各小组总结汇报成果。汇报时，用课件出示汇报要求和倾听要求。各小组展示、汇报研究成果。在此过程中，教师引导其他同学积极提问，积极评价。最后，投票产生五个优胜小组。
小组合作：调查周围的环境	事先与家长取得联系，以保证活动顺利进行，使孩子能充分了解家乡环境的变化，增强环保意识。	活动流程：成立环保小组——搜集资料——问卷调查 整理分析资料 组内交流 总结。此活动在一周内完成，活动前的指导安排1课时，调查活动利用休息日去完成，汇报需要1—2课时，展示的时间可以适当长一点，拓展活动可以适当组织或放手让学生去做。调查的主要区域是我们居住区周围的生活环境。

四、课程评价

（一）评价指标

本学期的课程评价由过程性评价和终结性评价两部分组成，成绩以百分制呈现，过程性评价占30%，终结性评价占70%。

1. 过程性评价：

过程性评价（30 分）= 识字（5 分）+ 写字（5 分）+ 阅读（5 分）+ 写作（5 分）+ 口语交际（5 分）+ 实践活动（5 分）。

评价项目	评价要素	评价等级
识字	1. 随堂抽测：在学习每篇课文的第一课时，采用指名读、开火车读等形式检查，平时进行口头评价或者让学生完成本课生字注音等随堂检测题。 2. 单元小结：每个单元学习结束后，教师出一份简易测试题，让学生看字写拼音，以检查学生的识字情况。	1. 优秀（5 分）：认读准确率≥95% 2. 良好（3 分）：95% > 认读准确率≥80% 3. 需努力（1 分）：认读准确率<80%
写字	1. 课后检测：每篇精读课文学完后，给学生听写词语，采用百分制批改。 2. 书写效果：双姿（执笔姿势、坐姿）正确，所写的字美观、大方、自然、熟练。笔画形态的长短、粗细、伸缩及起、行、收都符合书写规则要求。结体端稳，主次、争让、向背造势处理妥当，笔画分布疏密匀称。行款整齐，卷面干净。	1. 优秀（5 分） 2. 良好（3 分） 3. 需努力（1 分）
阅读	1. 课上朗读：口头评价，采用同桌赛读、全班挑战读、师生合作读等形式，要求把每篇课文都尽可能地读正确、流利，做到吐字清晰、发音准确、声音响亮、声情并茂。 2. 课外阅读：重点评价学生的阅读方法、阅读效果和阅读量。举行两次课外阅读知识测试，考查学生的读书情况；每月举行一次“好书推荐会”；在过程性评价方面，要求学生每天晚上至少阅读 15 分钟，边默读，边画出好词好句，每周一检查；鼓励学生读整本书，每读完一本书即在班级争星榜上加 3 颗星。 3. 古诗文背诵：主要评价学生的背诵量、背诵的熟练程度，主要采用同桌互评加组长评价的形式。	1. 优秀（5 分） 2. 良好（3 分） 3. 需努力（1 分）

（续表）

评价项目	评价要素	评价等级
写作	重点评价学生是否有习作兴趣，语句是否通顺，内容是否具体，意思表达得是否清楚。根据表达的需要，正确使用逗号、句号、问号、感叹号、冒号和引号。有目的、有顺序地抓住特征对事物进行观察，能说出某一事物的外形特点、内部结构和基本作用，能把观察的内容用文字记录下来。能将搜集到的材料运用合适的表达方法真实表达出来，尝试在习作中运用自己平时积累的语言材料，用真情实感表达自己的感受。愿意把自己的习作读给别人听，与他人分享习作的快乐。	1. 优秀（5 分） 2. 良好（3 分） 3. 需努力（1 分）
口语交际	重点评价口语表达能力、口语交际态度：口语交际时，态度自然大方，有礼貌，能尊重对方；说话时态度诚恳，能根据表达的需要正确使用礼貌用语，并辅以表情、手势等体态语；普通话标准，声音洪亮，咬字铿锵有力；能够恰当地运用停顿、重音、语调、语速，准确地把握语气，有感情、有条理地进行表述；讲述时具体生动，能说出自己的感受和想法。	1. 优秀（5 分） 2. 良好（3 分） 3. 需努力（1 分）
实践活动	1. 参与态度：能主动组织参与活动，表现积极。 2. 合作程度：小组成员友好配合，互相帮助。 3. 能力表现：头脑灵活，点子多，活动中有创意。 4. 活动成果：有作品展示，质量高，获得同伴较多赞赏。	1. 优秀（5 分） 2. 良好（3 分） 3. 需努力（1 分）

2. 终结性评价：

以阶段考试成绩（满分 100 分）卷面成绩的 70% 计入。

（二）评价结果处理

学期总评成绩最后将转化为对应等级，以等级形式呈现：优秀（90 分及 90 分以上）、良好（80—89 分）、合格（60—79 分）、不合格（60 分以下）。按学校有关规定，对于成绩不合格者，学校提供一次补考机会。

教案1：小摄影师

内容来源： 鲁教版五四学制小学《语文》教材三年级上册第2单元第6课

课　　时： 本单元共11课时，第4课时

授课年级： 三年级

课标条目：

1. 用普通话正确、流利、有感情地朗读课文。初步学会默读，做到不出声、不指读。学习略读，粗知文章大意。
2. 能联系上下文，理解词句的意思，体会课文中关键词句表情达意的作用。能借助字典、词典和生活积累，理解生词的意义。
3. 能初步把握文章的主要内容，体会文章表达的思想感情。能对课文中不理解的地方提出疑问。
4. 初步感受作品中生动的形象和优美的语言，关心作品中人物的命运和喜怒哀乐，与他人交流自己的阅读感受。积累课文中的优美词语、精彩句段，以及在课外阅读和生活中获得的语言材料。

教学目标：

1. 联系上下文，通过朗读人物对话，体会人物说话时的心情和人物的情感。
2. 发现提示语的作用，通过添加提示语，使人物的性格更鲜明，描写更生动。
3. 通过理解课文内容，体会老一辈革命家对青少年一代的爱护，学习小摄影师热爱和尊敬革命前辈的优良品德。

评价任务：

1. 概括高尔基和小男孩之间发生的故事。(检测目标1)
2. 对比发现提示语对人物对话描写的作用，给人物添加合适的提示语，表现出人物的生动、形象。(检测目标2)
3. 思考：小男孩和高尔基是怎样的人？通过朗读，感受高尔基对小男孩的爱护和小摄影师对高尔基的热爱、尊敬。(检测目标3)

教学板块	教学过程
导入 (说一说)	1. 同学们，你认识画面中的这两个人吗？谁能给大家介绍一下？ 2. 通过预习，谁能用简洁的语言概括一下在高尔基和这个普通的小男孩之间发生了什么故事？

（续表）

教学板块	教学过程
活动一 （读一读）	1. 现在请同学们快速读课文，同时思考问题：小男孩是一个怎样的人？他对高尔基怀着怎样的感情？你是从文章中哪个地方体会到这种感情的？ 2. 交流。 3. 谁能用自己的朗读表现出小男孩对高尔基的尊敬之情？请同学们一起用这种方法读。 4. 高尔基对小男孩又有着怎样的感情？你是从文章中哪个地方体会到这种感情的？ 5. 看到小男孩哭了，高尔基此时的心情是怎么样的？谁来示范读一下？ 6. 文章是通过什么来表现人物感情的？（表情、语言、动作）
活动二 （读一读）	1. 我们对人物的感情都是通过这两组对话感受到的，老师对这两组对话重新做了摘录，请同学们读一读，这样写好不好？（去掉提示语）为什么？那原文这样写呢？（带着提示语）它们之间有什么区别？ 2. 同学们都有一双火眼金睛，观察得很仔细，多了这些对人物说话时的描写有什么好处？（通过提示语，我们可以更好地感受人物说话时的心情和情感） 3. 现在老师给前一组对话加上提示语，同学们再来比较一下，哪种写法更好？（根据人物说话时的语境、心情、情感的需要，提示语可以放在不同的位置，所使用的标点符号是不同的） 4. 在我们学过的课文中，有很多提示语的应用，例如《爬天都峰》一课，请同学们读一读，看看通过这些提示语感受到了什么。这是对人物说话时的什么进行的描写？你感受到了什么？《绝招》一课呢？
活动三 （试一试）	1. 提示语对于人物心情和情感的刻画，起着画龙点睛的作用。不同人物的心情和情感，可以通过添加不同的提示语表现出来。 2. 伴随着《西游记》的音乐，我们请出了四位《西游记》中的人物。人物特点不同，说起话来也就完全不同。谁能给自己喜欢的人物添加合适的提示语，让他的人物形象更生动？
活动四 （写一写）	1. 通过添加提示语，让人物的形象更鲜活，仿佛他们就站在我们面前说话一样。 2. 这是我们一位同学写的日记，日记里写的是他回家后与母亲的一组对话，老师觉得他的日记不够生动，请同学们运用我们这节课学习的提示语的知识，帮帮他，把这段对话写得更加生动、形象。
小结	运用提示语，可以让我们的文章更生动、人物更鲜活。当然，要写好作文，单单会使用提示语还不行，还需要丰富的积累和广博的见闻。多读书，我们才能像文章中的高尔基一样，成长为伟大的文学家。

教案2：秋天的雨

内容来源：鲁教版五四学制小学《语文》教材三年级上册第3单元第11课

课　　时：本单元共11课时，第6课时

授课年级：三年级

课标条目：

1. 用普通话正确、流利、有感情地朗读课文。初步学会默读，做到不出声、不指读。学习略读，粗知文章大意。
2. 能联系上下文，理解词句的意思，体会课文中关键词句表情达意的作用。能借助字典、词典和生活积累，理解生词的意义。
3. 能初步把握文章的主要内容，体会文章表达的思想感情。能对课文中不理解的地方提出疑问。
4. 初步感受作品中生动的形象和优美的语言，关心作品中人物的命运和喜怒哀乐，与他人交流自己的阅读感受。积累课文中的优美词语、精彩句段，以及在课外阅读和生活中获得的语言材料。

教学目标：

1. 认识生字，读准轻声的词，理解"频频点头"等词语的意思。
2. 通过品读秋天的雨的色彩，感受秋雨的色彩之多，了解散文诗用词准确、精妙，想象丰富、自由，形式多变、活泼的特点。
3. 了解《秋天的雨》一课中的总分结构，认识总起句。学会在文章的写作特点及结构的帮助下背诵积累。

评价任务：

1. 读准、读好"轻声词"。（检测目标1）
2. 在朗读中感受用词的准确、精美，在比较中发现散文诗想象丰富的特点。（检测目标2）
3. 发现总分结构的"秘密"，背诵课文。（检测目标3）

教学板块	教学过程
导入	孩子们，今天我们来学习一篇优美的散文诗——《秋天的雨》，和老师一起写课题、一起读课题吧！
活动一 （检查字词）	1. 雨点儿为我们带来了一串词语宝宝，你会念吗？谁来挑战？ 2. 自由读第一行，你发现了什么？读准前鼻音，理解"频频点头"。指读第二行，读准、读好轻声的词。

（续表）

教学板块	教学过程
活动二 （感知课文）	1. 过渡：秋天的雨就是一把钥匙，打开了秋天的大门。出示第一段，你会读吗？指导学生有感情地朗读。 2. 打开秋天的大门，我们看到的秋天的雨是怎么样的呢？自由读课文，边读边思考。 3. 根据学生的回答板书：颜色、气味、声音。
活动三 （体会用词的准确、精美）	1. 让我们先来走进秋天的雨的颜色，感受它的神奇。请你读读第二自然段，把你认为最喜欢、最有意思的句子美美地读一读，并且说说你的理由。 2. 指导学生有感情地朗读。 3. 比较：你看，它把黄色给了银杏树，黄黄的叶子像一把把小扇子，扇哪扇哪，扇走了夏天的炎热。它把红色给了枫树，红红的枫叶像一枚枚邮票，飘哇飘哇，邮来了秋天的凉爽。体会散文诗用词的准确、精美。 4. 从朗读中你听出了什么？ 5. 想象说话，菊花可能在说什么呢？
活动四 （体会想象的丰富、自由）	1. 在这段文字里，藏着让我们喜欢的“小秘密”。再去读读，你有没有新的发现？ 2. 在朗读散文诗的过程中体会想象的丰富、自由。 3. 创编文本，感受形式的多变、活泼。让我们插上想象的翅膀，当个小作家。想象一下，秋天的雨有这么多的颜色，它可能还把颜色给了谁呢？你能这样来说说吗？ 你看，它把黄色给了银杏树，黄黄的叶子像一把把小扇子，扇哪扇哪，扇走了夏天的炎热。你看，它把（　　）给了（　　），（　　　　）像（　　　　），（　　　　），（　　　　　　）。 比较：通过不同的表达形式，感受散文诗形式的多变、活泼。 4. 小结散文诗的特点。 读全段，发现结构的“秘密”，学会积累背诵。 5. 你瞧，这几句话其实都是围绕着第一句话来写的。请把第一句话画出来。像这样，整个自然段围绕第一句话，把这句话写具体，这样的句子叫“总起句”。像这样的自然段，我们以后可以叫它“总分结构自然段”。（板书：总起句） 6. 借助散文诗的特点，记住关键词句，积累背诵。 7. 关注总分结构，让背诵更有条理。 8. 配乐朗读。
小结	这节课，我们读着、品着，感受到了秋天的雨的颜色是那么神奇，发现了散文诗用词的准确、精美，想象的丰富、自由，语言形式的多变、活泼，还发现了作者写作上的奥秘。在这些发现的帮助下，我们学会了积累背诵。下节课，我们就用这样的方法，继续走进秋天的雨的气味和声音。

教案3：寓言两则

内容来源： 鲁教版五四学制小学《语文》教材三年级上册第6单元第21课

课　　时： 本单元共11课时，第2课时

授课年级： 三年级

课标条目：

1. 能使用硬笔熟练地书写正楷字，做到规范、端正、整洁。写字姿势正确，有良好的书写习惯。
2. 用普通话正确、流利、有感情地朗读课文。初步学会默读，做到不出声、不指读。学习略读，粗知文章大意。
3. 能初步把握文章的主要内容，体会文章表达的思想感情。能对课文中不理解的地方提出疑问。
4. 初步感受作品中生动的形象和优美的语言，关心作品中人物的命运和喜怒哀乐，与他人交流自己的阅读感受。

教学目标：

1. 通过展示自学情况，正确认读本课生词。发现"窟、窿"的字形特点，能用钢笔正确、美观地书写这两个字。
2. 通过找出表现人物的关键行为的词句，体会人物特点，说出自己对寓言故事的理解。（重点、难点）
3. 发现寓言故事塑造人物的特点。
4. 引发对寓言故事的深度阅读兴趣。

评价任务：

1. 用汇报交流的方式展示课前对生字、词语的记忆和对文章大体内容的感知。
2. 默读这两则寓言，找出能够体现文中人物想法的句子，并互相交流。说出两则寓言蕴含的道理。
3. 对比发现寓言中的人物与现实人物的不同。
4. 联系自己的生活实际，看看周围有没有"亡羊补牢"或"南辕北辙"的人或事，写几句看法。

教学板块	教学过程
导入	小组活动，期待大家的积极参与！ 1. 读寓言和外国寓言的故事名字。 2. 同学们知道的寓言故事可真多。你为什么喜欢寓言？ 3. 今天再来学两则出自《战国策》的寓言故事。齐读两则寓言的故事名字。 4. 出示学习目标。

（续表）

教学板块	教学过程
活动一 （汇报交流，展示自学）	1. 出示生词：亡羊补牢、南辕北辙、寓言、叼走、车辙、劝说、后悔、街坊、窟窿、盘缠。 2. 指导生字：“窟、窿”。范写“窿”。 注意：“穴”字变扁。上让下，留空间。下靠上，不松散。 3. 评价学生对主要内容的概括情况。 4. 评价学生的自学情况。
活动二 （分析人物，指导朗读，分享道理）	大家的总结很丰富，寓言是通过小故事来讲大道理的。要想找到寓言中的道理，大家还得再来读一读故事。 1. 默读这两则寓言，边读边画出能够体现文中人物想法的句子，在旁边做批注。 2. 汇报交流《亡羊补牢》。 抓住“不该不”，指导学生读出后悔的语气。 对比朗读，强调读出后悔的语气。 指导总结道理：犯了错误，只要及时补救，就可以避免更大的损失。 3. 汇报交流《南辕北辙》。 抓住“没关系”，逐步指导学生读出由“无所谓”到“不耐烦”的递进语气。 运用方法，总结道理：做事时行动和目的相反，目标离结果就会越来越远。 4. 对比这两则寓言，有什么相同点与不同点？（一个有错最终改了，另一个一直不改，最终结果是不一样的）
活动三 （对比发现寓言的又一特点）	阅读这两则寓言，感受故事中的人物形象。大家对比一下，生活中这样偏执愚蠢的人多不多？小组合作讨论一下，如果寓言按照现实中的人物去写，行吗？ 寓言故事围绕特殊人物的设计突出表现道理，设计夸张，独具幽默讽刺的意味。
小结	1. 讲“出处”：自古至今，人们常用寓言来劝告别人，喻事明理。早在2300年前，魏国的大臣季梁就用这个“南辕北辙”的故事，成功地劝说魏王打消了武力攻占赵国的念头。 2. 同学们在读寓言故事的同时，可以查找一下寓言的出处，这样读起来会更有意思。 3. 寓言故事经历了几千年历史的积淀，是中华传统文化的瑰宝，也是汉语语言的精华。作为炎黄子孙，我们应该多读寓言故事，这样既可以增长智慧，也是对中国传统文化的继承和发扬。

4 五年级语文上学期课程纲要

课程名称：小学语文
课程类型：必修课程
教学材料：山东教育出版社义务教育课程标准实验教科书《语文》五年级上册
课时总数：112 课时
授课对象：五年级学生

一、背景分析

（一）课标分析

1. 能用硬笔正确、流畅、规范地书写本册字词，写字姿势正确，有良好的书写习惯。

2. 能用普通话正确、流利、有感情地朗读课文。

3. 能联系上下文和自己的积累，推想课文中有关词句的意思，辨别词语的感情色彩，体会其表达效果。

4. 在阅读中了解文章的表达顺序，体会作者的思想感情，初步领悟文章的基本表达方法。

5. 能写简单的记实作文和想象作文，内容具体，感情真实，做到语句通顺，行款正确，书写规范、整洁。根据表达需要，正确使用顿号、逗号、分号、句号等常用标点符号。

6. 学会利用图书馆、网络等信息渠道查找资料，解决与学习和生活相关的问题。

（二）教材分析

本册教材继续按专题组织单元，共 8 组，依次是：感受自然、祖国在我心中、谈话的艺术、名著之旅、综合性学习、走进毛泽东、异国风情、感人至深的故事。除去第 5 组综合性学习，共有课文 28 篇，精读课文、略读课文各 14 篇。这 7 组教材，每组均由“导语”“课例”“口语交际 · 习作”“回顾 · 拓展”组成。课例包括 4 篇课文，精读课文、略读课文各 2 篇。精读课文后有思考练习题，略读课文前有连接语。部分课文后面安排了“资料袋”或“阅读链接”。全册安排“资料袋”3 次，安排“阅读链接”2 次。“口语交际 · 习作”依然作为一个独立的栏目。“回顾 · 拓展”由 3 个栏目组成，“交流平台”“日积月累”是固定栏目，另有“展示台”“成语故事”“课外书屋”“趣味语文”穿插安排，其中，“趣味语文”“成语故事”“课外书屋”各安排了 2 次，“展示台”安排了 1 次。

（三）学情分析

五年级学生在识字、写字、默读、朗读方面已经掌握了一定的方法，学习能力有了较好的基础，所以识记生字和读通课文、整体感知以课前自主学习为主。在阅读教学时，要注意在读懂课文的基础上教给学生方法，让他们学习有感情地朗读，品味语言，体会文章的思想情感。培养学生在阅读课文中进行分析、概括、抽象、归纳、倾听、表达的能力，感悟并迁移运用文章基本的表达方法，为即将到来的初中语文学习打下基础。

二、学期目标

1. 通过教师讲解、查字典、自主学习等方法，认识并会写常用汉字。掌握识字的方法，写好规范的汉字。

2. 通过朗读、默读、浏览等方法了解文章内容，领悟文章的表达顺序、方法，培养感受、理解、欣赏和评价的能力。

3. 通过语调、韵律、节奏等变化，诵读、背诵优秀诗文；大量阅读课外书籍，培养广泛的阅读兴趣，扩大阅读面，增加阅读量，提高阅读品味。

4. 通过朗读理解、阅读范文、教师讲解等形式，学写并修改自己的记实作文和想象作文，培养观察、思考、表达和创造的能力。

5. 通过创设情境、讨论交流、讲故事等方式，学习倾听与表达，培养文明、和谐地进行人际交流的素养。

6. 通过图书馆、网络等信息渠道获取资料，策划简单的校园活动和社会活动，培养策划、组织、协调和实施的能力。

三、课程实施建议

（一）课程资源

1. 义务教育课程标准实验教科书《语文》五年级上册，山东教育出版社。

2. 课内资源：教材中的单元导语、课后习题、阅读提示、课后资料袋、交流平台以及 8 篇选读课文。

3. 课外资源：可利用现代科技手段拓宽学习视野，提升课堂效率；利用班级群、乐教乐学、和教育等网络平台，做好家校沟通以及资源共享。

4. 学校图书馆丰富的藏书和学生自己手中的课外书，为课外阅读保驾护航。本学期涉及课外读物见课程内容部分“课外阅读分享”栏，学生要据此提前至少两周做好准备。

5.《课程标准》《学案》《学习乐园》《现代汉语词典》。

（二）实施建议

1. 识字与写字：

（1）本学期要求会认 201 个字左右，学生要运用已有的识字方法自主识字。

（2）本学期要求会写 180 个字左右。组织开展书写比赛、听写比赛各 1 次，要求学生在规定的时间内，把字写得正确、美观。

2. 阅读理解：

（1）课内阅读：学习 14 篇精读课文和 14 篇略读课文。阅读中，着力培养边默读边思考的习惯，开展加快默读速度的训练，运用朗读法、情境法、替换法、删减法等方法，领会文章的表达方法并尝试运用。

（2）课外阅读：开学初结合课程纲要进行好书（报纸）推荐。每周完成一份“阅读记录”，每单元课文学习结束后举行一次读书交流会，分享课外阅读的收获。

3. 习作（写——悟）：

本册教材安排了7次习作、3次课后小练笔、1次研究报告，除了写记实和想象作文外，还要学写建议书、演讲稿、研究报告。习作中，要注意有一定的速度，教师要进行习作前指导和习作后讲评。通过范文引路、自评互评、认真修改等方式提高习作质量及水平。本学期要组织一次现场作文比赛，现场抽题，规定时间，现场习作，评比展示。

4. 口语交际（说——用）：

根据教材的安排，选择口语交际的话题，活动安排如下：听录音（音乐片段）编故事、“祖国在我心中”演讲比赛、“学会劝说”情景剧表演、“让名著中的人物走上舞台”课本剧表演、革命影视作品分享会、热门话题新闻发布会、“感动在身边”故事分享会。在交际之前要准备充分（材料、熟练程度），交际的过程中做到认真倾听，大胆发言，有针对性地与人交流自己的看法。活动采用小组合作的方式进行，每一个学生都应参与进来。

5. 综合性学习（知——行）：

（1）“祖国在我心中”活动安排：参观学校“党史国史”展览馆，交流自己的感受和体会。

（2）“走进信息世界”活动安排：做一次调查，记录全家人在一天中都从哪些渠道获得了哪些信息，根据记录作一些分析，看看从中能发现什么；选择话题、搜集资料、形成观点，写简单的研究报告。

四、课程评价

（一）评价指标

《语文课程标准》（2011版）小学语文五年级上册课程纲要。

（二）评价方式

学期总评成绩 = 过程性评价成绩（45分）+ 终结性评价成绩（55分）。

1. 过程性评价：

过程性评价（45分）= 识字与写字（10分）+ 阅读理解（15分）+ 习作(10分)

+口语交际（5分）+综合性学习（5分）。

评价内容	等级描述
识字与写字（10分）	根据写字姿势和平时作业的书写情况分为三个等级：A（10分），B（8分），C（5分）。
阅读理解（15分）	课内阅读（10分）：根据课前预习、上课听讲（包括倾听老师讲课和同学发言）、思考问题、与同学交流讨论、朗读背诵、积极表达阅读感受、认真及时完成课堂作业的情况，分为三个等级：A（15分），B（10分），C（5分）。
	课外阅读（5分）：根据阅读量、交流课外读书收获以及完成“阅读记录”的情况，分为三个等级：A（5分），B（3分），C（1分）。
习作（10分）	根据完成习作的数量、质量和习作修改的情况，分为三个等级：A（10分），B（8分），C（5分）。
口语交际（5分）	根据交际前的准备是否充分、交际过程中倾听的态度，以及有针对性地表达见解的情况，分为三个等级：A（5分），B（3分），C（1分）。
综合性学习（5分）	根据参与活动的积极性、搜集整理资料及展示交流学习成果的情况，分为三个等级：A（5分），B（3分），C（1分）。

备注：过程评价以等级方式呈现。每人一张得分统计表，每周由小组长对小组成员的得分进行统计，期中综合统计一次，期末再综合统计一次。单元检测评价归入“阅读理解”之“课堂作业”项。

2. 终结性评价：

终结性评价主要以综合纸笔检测评分为准。

终结性评价（55分）=期中过程性检测成绩（15分）+期末检测成绩（40分）。（备注：期中及期末检测满分均为100分）

（三）评价结果处理

以上两项内容以百分制计算，所有成绩最后将转化为对应等级：优秀（90分及90分以上）、良好（80—89分）、合格（60—79分）、不合格（60分以下）。按学校有关规定，对于成绩不合格者，学校提供一次补考机会。

教案1：怀念母亲

内容来源：鲁教版五四学制小学《语文》教材五年级上册第2单元第6课

课　　时：本单元共16课时，第3课时

授课班级：五年级3班

课标条目：

1. 在阅读中了解文章的表达顺序，体会作者的思想感情，初步领悟文章的基本表达方法。在交流和讨论中，敢于提出看法，作出自己的判断。
2. 阅读叙事性作品，了解事件梗概，能简单描述自己印象最深的场景、人物、细节，说出自己的喜爱、憎恶、崇敬、向往、同情等感受。

教学目标：

1. 学会8个生字，能正确读写词语。
2. 感悟课文内容，能抓住关键词、句、段和日记，体会季羡林爷爷怀念生身母亲、思念祖国的情感。
3. 有感情地朗读课文，总结本文的表达方法。

评价任务：

1. 认读生字词，交流容易出错的读音及字形，听写词语。
2. 通过默读的方式画出自己喜欢的语句，表达自己的理解感悟。
3. 能有感情地朗读课文，总结本文的表达方法。

教学板块	教学过程
导入	孩子们，我们每个人都有母亲，每个母亲都是世上最伟大的人，你们爱你们的母亲吗？你们知道失去母亲的滋味吗？让我们一起来读一读课文吧！
活动一	1. 通过查字典、词典理解生字词，在不懂的地方做记号，准备与同学讨论。 2. 与同学交流不懂的地方。 3. 抽查拼读本课的生字词。
活动二	1. 默读全文，思考：文章主要写了什么？ 2. 再读课文，思考：文中的两个母亲分别指的是谁？ 3. 你从作者的字里行间感受到了什么？是从哪些地方感受到的？谈谈自己的感受。 4. 小组交流、汇报，师生总结。（体会到了对生身母亲和祖国母亲的深深的爱与怀念）

（续表）

教学板块	教学过程
活动三	环节一：品读感悟怀念生母之情 1. 找出文中作者写怀念生母的句子，反复读，想想从中能体会到什么。 2. 读一读，想一想，说一说：你是从哪些关键的词句中体会到作者的感情的？ 3. 补充出示文字资料。 （1）我出生在鲁西北一个极端贫困的村庄里。家里日子是怎样过的，我年龄太小，说不清楚，反正吃得极坏。我从未见过母亲笑，她好像一辈子都没笑过。家境贫困，儿子远离，她受尽了苦难，笑容从何而来呢？ （2）我暗暗地下定了决心，立下了誓愿："一旦大学毕业，自己找到工作，立即迎养母亲。" （3）有一次我回家，听对面的宁大婶子告诉我说："你娘经常说：'早知道送出去回不来，我怎么也不会放他走的！'" 读了这些资料，你明白了什么？ 4. 配乐朗读，从字里行间体会作者对母亲的那种深深的愧疚和悔恨之情。 5. 播放歌曲，升华情感。 环节二：品读感悟思国之情 1. "母亲给了我那么多爱和温暖，远在异国他乡，孤寂时时涌上心头，母亲怎不频来入梦呢？"此时此刻，季老先生怀念的不仅仅是自己的生母，还有祖国母亲。 2. 探究文本，感悟内涵。 （1）动情地读一读季老先生的几段日记。 （2）说说祖国母亲频来入梦的原因。 （3）读读最让你感动的一则日记，说说读懂了什么。你还有什么不懂的地方？
小结	1. 谈谈本节课的收获和感受。 2. 课后阅读有关表现人间真情的故事。

教案2：晏子使楚

内容来源： 鲁教版五四学制小学《语文》教材五年级上册第3单元第10课

课　　时： 本单元共16课时，第3课时

授课班级： 五年级3班

课标条目：

1. 有较强的独立识字能力。能联系上下文和自己的积累，推想文中有关词句的意思，体会其表达效果。
2. 能用普通话正确、流利、有感情地朗读课文。在阅读中了解文章的表达顺序，体会作者的思想感情，初步领悟文章的基本表达方法。在交流讨论中，敢于提出看法，作出自己的判断。

教学目标：

1. 规范书写14个生字，准确拼读8个生字。能正确读写“侮辱、威风”等词语。
2. 正确、流利、有感情地朗读课文。
3. 理解课文内容，体会晏子能言善辩的才能和维护国家尊严的精神，领悟文章的表达方法。

评价任务：

1. 会写14个生字，会认8个生字。
2. 体会到晏子能言善辩的才能和维护国家尊严的精神，领悟文章的表达方法。

教学板块	教学过程
导入	1. 出示课题。理解“使”是“出使”的意思。 2. 介绍晏子。说明“子”是古代人对有学问、有贡献的男性的尊称。中国古代还有哪些著名的人物？说一说。（比如孔子、孟子等） 3. 说说课题的意思。
活动一	1. 学生用自己喜欢的方式自由读课文，教师提出初读要求。 （1）根据拼音，读准生字词的读音，把课文读通顺。 （2）想想课文讲了哪几件事。 2. 课堂交流。 3. 尝试给课文分段。

（续表）

教学板块	教学过程
活动二	1. 大声朗读课文，思考：课文中让你感到最气愤的是什么？让你感到最高兴的又是什么？ 2. 课堂交流并朗读相应的课文。 3. 从楚王的变化中，你能说说晏子是一个怎样的人吗？
活动三	1. 研读晏子和楚王间的第一回合较量。 （1）找出晏子面对楚王的侮辱进行反驳的句子。 （2）自由朗读这句话，在晏子反驳的话中，哪一句最厉害？ （3）面对楚王的侮辱，晏子会怎样对接待的人说这番话呢？请选择合适的提示语，然后读一读，说说你这样选择的原因。 （4）有感情地朗读第三自然段。 2. 研读晏子和楚王间的第二回合较量。 （1）自由朗读第四自然段，说说你最喜欢哪句话，并说明理由。 （2）课堂交流，随机点拨。 （3）有感情地朗读第四自然段。 3. 研读晏子和楚王间的第三回合较量。 （1）自由朗读第五自然段，找出晏子说的话，想想说的是什么意思。 （2）出示：淮南的柑橘，又大又甜。可是这种橘树一种到淮北，就只能结又小又苦的枳，还不是因为水土不同吗？同样的道理，齐国人在齐国能安居乐业，好好地劳动，一到楚国，就做起盗贼来了，也许是两国的水土不同吧。 4. 有感情地朗读第五自然段。 （1）用一个词语来说说晏子是一个怎么样的人。 （2）想象一下，晏子长什么样？面对楚王，他是一个怎样的形象？ 让学生充分地说，并能结合课文的有关语言说出理由。 （3）尝试分角色朗读课文。先分组准备，再在课堂上朗读。
小结	1. 自由读课文，想想课文的开头、中间和结尾有什么联系。 2. 比较每一次较量中楚王的前后态度，理解开头和结尾的关系。 3. 排练课本剧。

教案3：再见了，亲人

内容来源： 鲁教版五四学制小学《语文》教材五年级上册第8单元第25课

课　　时： 本单元共16课时，第1课时

授课班级： 五年级3班

课标条目：

1. 有较强的独立识字能力。能联系上下文和自己的积累，推想文中有关词句的意思，体会其表达效果。
2. 能用普通话正确、流利、有感情地朗读课文。
3. 初步领悟文章的基本表达方法。在交流讨论中敢于提出看法，作出自己的判断。

教学目标：

1. 学习课文，理解课文中亲人的不同含义。
2. 以读作为突破口，以读悟情，培养语感，有感情地朗读。
3. 学习课文，体会中朝人民用鲜血凝成的伟大友谊。

评价任务：

1. 通过有感情地朗读课文，联系生活实际，理解亲人的不同含义。
2. 通过默读的方式，画出感受最深的句子，在读中感悟，体会深情。
3. 根据教师创设的情境，体会中朝人民用鲜血凝成的伟大友谊。

教学板块	教学过程
导入	课件出示《中国人民志愿军战歌》，当年志愿军战士就是高唱着这首歌踏上了朝鲜的土地，和朝鲜人民并肩作战，由离别之际的不舍引出课题。
活动一	1. 听写词语。 2. 课件出示本课词语，学生对照修改。 3. 回顾课文，思考：志愿军战士把谁称作亲人？他们为志愿军做了哪些事？
活动二	1. 读课文，思考：志愿军回忆了和这位亲人的哪些事？事例中的哪句话给你的感受最深？把这句话画下来读一读，你从中体会到了什么？请你用朗读的形式，读出你对这句话的理解。 2. 小组交流。 3. 汇报自学，在读中感悟。 4. 总结学法：朗读，找关键词。 5. 学生自学，交流第二、三自然段。 6. 全班交流。

（续表）

教学板块	教学过程
活动三	1. 快速浏览课文，这三个自然段在表达上有什么特点？ 2. 课件出示图片，交流抗美援朝的故事，感受惜别之情。 3. 离别之际，发出呼喊：学生齐读后三个自然段。从中你感受到了什么？ 4. 感悟用鲜血凝成的情谊：不是亲人，胜似亲人。 5. 再读后三段，体会深情。
小结	列车开走了，带走了朝鲜人民的挂念，留下了志愿军战士的深情，中朝人民之间的情谊永存。
作业	1. 交流你搜集到的抗美援朝战争中的故事，体会中朝人民用鲜血凝成的伟大友谊。 2. 推荐阅读：魏巍《谁是最可爱的人》。推荐影片：《上甘岭》。

5　二年级数学上学期课程纲要

课程名称：小学数学
课程类型：必修课程
教学材料：青岛出版社义务教育教科书《数学》二年级上册
课时总数：59 课时
授课对象：二年级学生

一、背景分析

（一）课标分析

本学期教学目标的基本要求：掌握表内乘法、除法和有余数除法的运算技能，能准确进行计算；结合生活情境认识角，了解直角、锐角和钝角；能认识物体的相对位置。

（二）教材分析

本册教材主要是针对乘法、除法进行教学，完善了四则运算法则，而认识角和辨别方向则是作为新内容出现。本学期所学的知识进一步系统化，主要帮助学生加深对基本概念的理解、夯实四则运算能力。学生在本学期初步尝试合作学习的方法与技巧，为高年级的学习打下基础。

（三）学情分析

学生在一年级学习了加减运算，在此基础上，学习乘除运算，有一定计算经验的积累。在认识图形时，对“角”有直观的感知。

二、课程目标

1. 通过学习乘法口诀表，能够正确口算表内乘法和除法，正确笔算有余数除法，发展数感和运算能力。

2. 通过对认识方向的学习，能够从给定东、南、西、北四个方向中的一个方向，辨认其余三个方向，知道东北、西北、东南、西南四个方向，会运用知识解决问题，发展空间想象能力。

3. 通过对角的学习，了解直角、锐角和钝角并能区分，发展空间观念。

4. 通过观察、操作，能根据具体事物、照片或直观图，辨认从不同角度观察到的简单物体，发展空间观念。

5. 在解决问题的过程中，掌握用两步计算解决实际问题的基本步骤和基本策略，并能进行有效交流。

三、课程实施

（一）课程资源

1. 义务教育教科书《数学》二年级上册，青岛出版社出版。

2.《小学生学习园地·数学》二年级上册，山东科学技术出版社出版。

3. 其他资源：生活中的数学经验（生活中的图形）。

（二）实施建议

1. 引导学生在独立探索的基础上开展合作交流活动，体现多样化和个性化的学习。

2. 通过联想、猜测等活动，引导学生用初步学习到的知识和方法，独立地解决具体情境中自己感兴趣的问题，将新知识纳入到已有的认知结构中。

3. 让学生初步学到解决问题的策略，体验探索乐趣。

4. 课外拓展练习：完成学校平面图设计，发展空间观念。

（三）相关任务

1. 动手画角。准备：三角板。

2. 从不同角度观察物体。准备：大小合适的正方体和长方体模型。

3. 平面识图。准备：平面地图。

四、课程评价

（一）评价指标

评价指标由过程性评价（30 分）和终结性评价（70 分）两项构成。

1. 过程性评价：

过程性评价（30 分）= 行为（5 分）+ 习惯（5 分）+ 一般作业（5 分）+ 实践作业（5 分）+ 期中阶段性评价（10 分）。

<table>
<tr><th colspan="2">评价项目</th><th>评价要素</th><th>评价等级</th><th>评价方式</th></tr>
<tr><td rowspan="2">课堂表现
（10 分）</td><td>行为（5 分）</td><td>小组合作积极、主动参与、积极发言、独立思考</td><td>根据行为表现，分为 5 分、4 分、3 分、2 分四个等级</td><td>组内互评</td></tr>
<tr><td>习惯（5 分）</td><td>坐姿端正、书写规范、学习工具摆放合理整洁</td><td>根据课堂观察，分为 5 分、4 分、3 分、2 分四个等级</td><td>组内互评</td></tr>
<tr><td rowspan="2">作业评价
（10 分）</td><td>一般作业（5 分）</td><td>作业态度、作业质量、纠错习惯</td><td rowspan="2">根据作业完成情况，分为 5 分、4 分、3 分、2 分四个等级</td><td>教师评价</td></tr>
<tr><td>实践作业（5 分）</td><td>参与的积极性、解决问题的能力</td><td>教师评价</td></tr>
<tr><td colspan="2">期中阶段性评价（10 分）</td><td>知识的综合运用</td><td>卷面满分 100 分，以 10% 计入</td><td>90 分钟测试</td></tr>
</table>

2. 终结性评价：

终结性评价（70 分）= 期末卷面分 ×70%。

评价项目	评价要素	评价等级	评价方式
期末评价	知识的综合运用	卷面满分 100 分，以 70% 计入	90 分钟测试

（二）评价结果处理

以上两项内容以百分制计算，所有成绩最后将转化为对应等级：优（90 分及 90 分以上）、良（80—89 分）、合格（60—79 分）、不合格（60 分以下）。按学校有关规定，对于成绩不合格者，学校提供一次补考机会。

教案1：5的乘法口诀

内容来源： 青岛版五四学制小学《数学》教材二年级上册第1单元

课　　时： 本单元共3课时，第1课时

授课班级： 二年级5班

课标条目： 能熟练地口算表内乘法，经历与他人交流各自算法的过程，能运用数的运算解决生活中的简单问题。

教材解读： 这一课是在学生学习了乘法的意义的基础上进行教学的。学生在操作的过程中理解和掌握5的乘法口诀，为学习其他乘法口诀打下良好的基础。

学情分析： 学生已有5个5个地数数的基础和经验，很容易得出2个5、3个5、4个5、5个5的和，比较容易归纳乘法口诀。但是，由于学生受到以前加法的定式思维的影响，刚接触乘法口诀时，容易出现口诀背诵错误、计算不够熟练的情况。

教学目标：

1. 通过摆一摆、说一说等学习活动，使学生经历编制5的乘法口诀的过程，熟练背诵5的乘法口诀。
2. 运用口诀熟练计算，能正确运用乘法口诀解决实际问题。

评价任务：

1. 看算式说口诀。
2. 出示五言绝句：仔细观察这首诗，诗中有我们今天学习的知识吗？这四句一共有多少个汉字？

教学板块	教学过程
活动一 （创设情境，提出问题）	1. 猜谜语。 一棵小树五个叉， 不长叶子不开花。 能写会算还会画， 天天干活不说话。 2. 观察小手，你发现了什么？ 3. 发现问题：1只小手有5根手指，那么2只小手有几根手指呢？你是怎么想的？3只呢？4只呢？5只呢？下面，我们就来解决这个问题。

（续表）

<table>
<tr><th>教学板块</th><th>教学过程</th></tr>
<tr><td>活动二
（自主探究，
创编口诀）</td><td>1. 1 个 5 是多少？怎样列算式？你能编出一句口诀吗？“一五得五”是什么意思？2 个 5 呢？3 个 5 呢？
2. 请用小棒或圆片摆一摆，或者在练习纸上画一画，表示“三五十五”的意思。
生1：3×5=15
生2：
生3：
生4： 生5：
3. 教师展示：
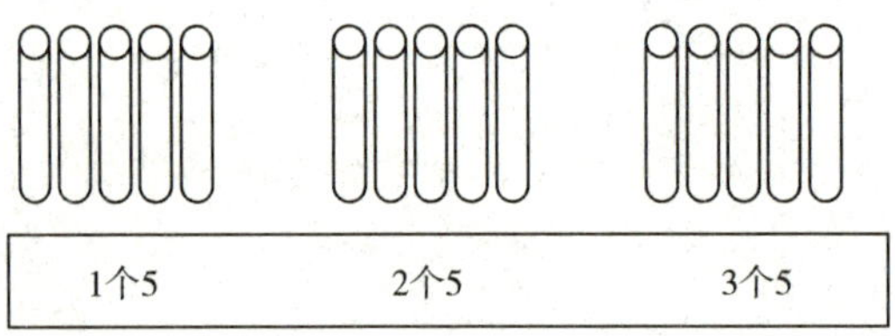
4. 算式表示。
加法算式：5＋5＋5＝15
乘法算式：3×5＝15　5×3＝15</td></tr>
<tr><td>活动三
（迁移推理，
深化意义）</td><td>1. 请用圆片摆一摆或在练习纸上画一画“四五二十”表示的意思。在小组内说一说，你是如何摆或画的？
2. 请用圆片摆一摆或在练习纸上画一画其他三句口诀表示的意思，并向你的同桌说一说。
3. 汇报展示。
一五得五表示 1 个 5　　5　　1×5＝5
二五一十表示 2 个 5 相加　　5＋5＝10　　2×5＝10
五五二十五表示 5 个 5 相加　　5＋5＋5＋5＋5＝25　　5×5＝25</td></tr>
<tr><td>活动四
（评价练习，
目标达成）</td><td>1. 看算式说口诀。
5×3　2×5　4×5　5×4　5×1　5×5
2. 出示五言绝句：仔细观察这首诗，诗中有我们今天学习的知识吗？这四句一共有多少个汉字？为什么你数得这么快呢？</td></tr>
</table>

（续表）

教学板块	教学过程
总结	同学们，今天我们用画一画、摆一摆的方法学习了 5 的乘法口诀，方便了计算，谁能背一下 5 的乘法口诀？
板书设计	5 的乘法口诀 一五得五　1 个 5　$1\times5=5$ 二五一十　2 个 5 相加　$2\times5=10$ 三五十五　3 个 5 相加　$3\times5=15$ 四五二十　4 个 5 相加　$4\times5=20$ 五五二十五　5 个 5 相加　$5\times5=25$

教案2：角的初步认识

内容来源： 青岛版五四学制小学《数学》教材二年级上册第2单元

课　　时： 本单元共2课时，第1课时

授课班级： 二年级5班

课标条目： 结合具体情境认识角。

教材解读： 学生在一年级学习过直观认识长方形、正方形、三角形，在此基础上，直观认识四边形、五边形、六边形以及平行四边形。本单元学习角的初步认识，直角、锐角、钝角的认识，为下面长方形、正方形的认识，角的度量和分类的认识，以及垂线、平面的认识打下基础。

学情分析： 角对于二年级学生来说比较抽象，学生接受起来较为困难。为了帮助学生更好地认识角，整个课时将观察、操作、演示、自学讨论等方法有机地贯穿于教学各环节中，在引导学生感知的基础上加以抽象概括，让他们在大量的实践活动中掌握知识、形成能力。

教学目标：

1. 能在给出的简单图形中辨别角，并能用直尺正确画角。
2. 能够判断出角的大小，并能用重叠法比较角的大小。

评价任务：

评价一：辨认角。

√　×　×　√　√　×

评价二：比较角。

教学板块	教学过程
活动一 （游戏导入， 引出课题）	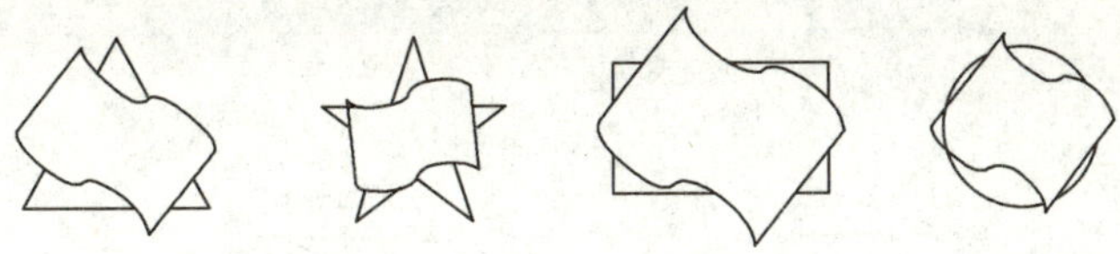 1. 猜一猜，被挡住的分别是哪些图形？说一说，你是依据什么猜的？（引出角） 2. 通过观察露在外面的角的个数，同学们很快就猜出了这几个图形，那么角是什么样的图形呢？今天我们就来认识角。（板书课文题目）
活动二 （自主探究， 探索新知）	 1. 同学们看到的这些都叫角，它们的样子一样吗？ 2. 独立思考，然后同桌交流，统一意见：角都有一个尖尖的地方，还有两条直直的线。 3. 课件展示：一个顶点，两条边。 4. 总结角的相同点：一个顶点，两条边。
活动三 （动手操作， 深化意义）	1. 闭上眼睛，想象一个角的样子。（学生闭眼想象） 2. 比画一下你的角。 3. 现在把你想象的角画在纸上。 4. 课件演示画角：先画顶点，再画两条边。 5. 学生修改后展示。 6. 比较角的大小。 （1）观察法。师生拿出活动角，教师画出一个角，引导学生画出比老师小的角，找两个小朋友的角和教师的角对比。 （2）重叠法。引导学生观察刚才两个小朋友的角，谁的大一些？指名上台演示，得出重叠法。一条边要对齐，看另一边张开的大小，再确定角的大小。 （3）体会角的大小与边长无关。

（续表）

教学板块	教学过程
活动四 （评价练习， 目标达成）	1. 评价一：辨认角。 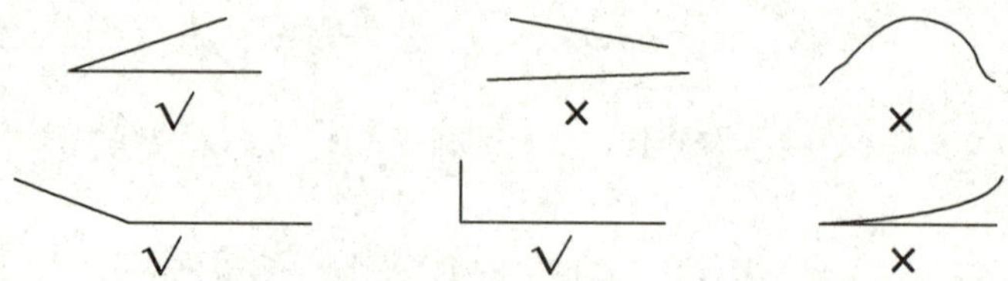 2. 评价二：比较角。 
小结	同学们，今天你用了什么样的方法认识角？
板书设计	1. 角的初步认识。 2. 角的共同特征：一个顶点，两条边。 3. 角的大小与两边张开的大小有关，与边的长短无关。

6 五年级数学上学期课程纲要

课程名称：小学数学
课程类型：必修课程
教学材料：青岛出版社义务教育教科书《数学》五年级上册
课时总数：66 课时
授课对象：五年级学生

一、课程背景

（一）课标分析

《课程标准》对本学期教学目标的基本要求：能根据物体相对于参照点的方向和距离确定其位置，会描述简单的路线图。在具体情境中，能在方格纸上用数对（限于正整数）表示位置，知道数对与方格纸上的点的对应关系。通过观察、操作，认识长方体、正方体，认识长方体、正方体的展开图。通过实例了解体积（包括容积）的意义及度量单位，能进行单位之间的换算，感受体积单位的实际意义。体验某些实物（如土豆等）体积的测量方法。能分别进行简单的小数、分数（不含带分数）加、减、乘、除运算及混合运算（以两步为主，不超过三步）。能解决分数的简单实际问题。在具体情境中，通过实例感受简单的随机现象；能列出简单的随机现象中所有可能发生的结果。通过试验、游戏等活动，感受随机现象结果发生的可能性是有大小的，能对一些简单的随机现象发生的可能性大小做出定性描述，并能进行交流。会根据实际问题设计简单的调查表，能选择适当的方法（如调查、试验、测量）收集数据。

（二）教材分析

本学期主要学习方向与位置，分数的加、减、乘、除及混合四则运算，长方体、正方体的认识，可能性的大小，列举的思想方法，复式统计图等内容。

（三）学情分析

总的来说，学生的基本情况有利因素居多，不利因素也不少，关键在于教师如何正确、灵活地利用各种因素，变不利为有利。教师需要耐心细致地教育学生，正面引导学生，多方调动学生的积极性，圆满完成本学期的教学任务。

二、学期目标

1. 在理解分数的意义与性质的基础上，能结合具体情境，了解分数的加、减、乘、除的意义，提高四则运算和四则混合运算的能力，能解决生活中有关分数的实际问题。

2. 通过观察立体图形，认识长方体和正方体，探索它们的特征，形成点、线、面、体之间的整体认识，学会探究立体图形的特征和生活中特殊物体的一般步骤及测量方法；认识常用的体积、容积单位，能进行单位间的换算。

3. 能结合具体情境，在方格纸上用数对（限于正整数）表示物体的位置，知道数对与方格纸上的点的对应关系。能根据物体相对于参照点的方向与距离确定物体的位置，会描述简单的线路图。

4. 能结合实际情境，借助除法理解“比”的意义和基本性质，会解决按比例分配的实际问题。了解“黄金比”的相关内容，会运用“黄金比”的知识设计图案。

5. 通过实例感受简单的随机现象，体验随机事件的特点和事件发生可能性的大小。

6. 借助具体事例，初步学会设计简单的调查表，能选择适当的方法（如调查、试验、测量）收集数据；认识复式条形统计图和复式折线统计图，掌握复式统计图形成的过程，并能根据统计图进行简单的分析与预测。

三、课程实施建议

（一）课程资源

1. 教材：义务教育教科书《数学》五年级上册，青岛出版社出版。
2. 教具：长方体和正方体模型，教学课件，纸质检测题。
3. 学具：图形模具（长方体、正方体），带刻度的量杯。

（二）实施建议

本学期数与代数的内容主要是与分数有关，包括分数的加、减、乘、除及四则混合运算。课堂教学的重点是让学生理解有关分数的知识，在教学中，找准难点，运用各种教学方法来突破难点。

1. 分数的加减。

（1）分数的加法，本质上与整数、小数的加法相同，只有单位相同才可以直接相加，所以要进行通分。让学生理解通分的过程，要特别注重通过图形结合来帮助理解。

（2）减法与加法的本质相同。

2. 分数乘法。

（1）分数乘整数，意义与整数乘法的意义相同，即求一个数的几倍是多少。

（2）一个数乘分数，单位“1”的重要性不言而喻，一定要用图帮助学生理解。看到分数，学生脑海中能显示出图，目的就达到了。

3. 分数除法。

（1）平均分，分数除以整数，把一个数平均分成几份。

（2）包含除，一个数除以分数，求这个数里有几个这样的分数。其实本质都是平均分，也就是分成的份数都相同。

4. 比是指两个量之间的关系，一个量变化，另一个量也相应地变化。

5. 分数四则混合运算。

运算法则有三条：

（1）同一级运算，要从左到右依次计算。

（2）不同级运算，先算乘除后算加减。

（3）有括号的先算括号里的。

四、课程评价

（一）评价指标

评价指标由过程性评价（30 分）和终结性评价（70 分）两项构成。

1. 过程性评价：

过程性评价（30 分）= 行为（5 分）+ 习惯（5 分）+ 一般作业（5 分）+ 实践作业（5 分）+ 期中阶段性评价（10 分）。

<table>
<tr><th colspan="2">评价项目</th><th>评价要素</th><th>评价等级</th><th>评价方式</th></tr>
<tr><td rowspan="2">课堂表现
（10 分）</td><td>行为（5 分）</td><td>小组合作积极、主动参与、积极发言、独立思考</td><td>根据行为表现，分为 5 分、4 分、3 分、2 分四个等级</td><td>组内互评</td></tr>
<tr><td>习惯（5 分）</td><td>坐姿端正、书写规范、学习工具摆放合理整洁</td><td>根据课堂观察，分为 5 分、4 分、3 分、2 分四个等级</td><td>组内互评</td></tr>
<tr><td rowspan="2">作业评价
（10 分）</td><td>一般作业（5 分）</td><td>作业态度、作业质量、纠错习惯</td><td rowspan="2">根据作业完成情况，分为 5 分、4 分、3 分、2 分四个等级</td><td>教师评价</td></tr>
<tr><td>实践作业（5 分）</td><td>参与的积极性、解决问题的能力</td><td>教师评价</td></tr>
<tr><td colspan="2">期中阶段性评价（10 分）</td><td>知识的综合运用</td><td>卷面满分 100 分，以 10% 计入</td><td>90 分钟测试</td></tr>
</table>

2. 终结性评价：

终结性评价（70 分）= 期末卷面分 ×70%。

评价项目	评价要素	评价等级	评价方式
期末评价	知识的综合运用	卷面满分 100 分，以 70% 计入	90 分钟测试

（二）评价结果处理

以上两项内容以百分制计算，所有成绩最后将转化为对应等级：优（90 分及 90 分以上）、良（80—89 分）、合格（60—79 分）、不合格（60 分以下）。按学校有关规定，对于成绩不合格者，学校提供一次补考机会。

教案1：用数对表示位置

内容来源：青岛版五四学制小学《数学》教材五年级上册第1单元

课　　时：本单元共3课时，第1课时

授课班级：五年级5班

课标条目：

1. 能根据物体相对于参照点的方向和距离确定其位置。
2. 会描述简单的路线图。
3. 能结合具体情境，在方格纸上用数对（限于正整数）表示位置，知道数对与方格纸上的点的对应关系。

教学目标：

1. 通过具体情境分别说一说什么是列和行，能用“第几列第几行”的方式描述物体的位置。
2. 结合生活实例，根据给定的数对找出物体的位置。
3. 能在方格纸上随意设计一个图形，并能用数对表示各顶点的位置。

评价任务：

1. 找朋友：从你的角度观察，用数对表示出自己所在的位置，并在纸上写出来。然后，说出与自己数对里的数字相同的同学的数对，被提到的同学起立挥挥手，如（1,6）和（6,1）。再让学生说数对（y,5）和数对（x,y）的位置。
2. 在方格纸上随意设计一个图形，并用数对表示各顶点的位置。

教学板块	教学过程
导入 （营造冲突，引出新知）	在一次唱歌比赛中，同学们都穿着整齐的军装，可神气了，请看屏幕。 提问：从图中，你都知道了哪些数学信息？根据这些信息，你能提出什么问题？ 大家看这个小伙子，他叫小强，你能给大家介绍一下他在队列中的位置吗？ 小强就在这里，为什么同学们的描述却不一样呢？ 小结：看来，要想有一个准确、简练、统一的说法描述小强的位置，需要有一个统一的标准，这节课我们就来研究一下确定位置的方法。

（续表）

教学板块	教学过程
活动一 （以问题为导向建构新知）	1. 认识列与行。 看来，要想找到小强的位置，只知道第 2 排第 3 个是不够的，还要知道数的方向。在照片上，小强的位置是由这一竖排和这一横排共同确定的。 数学上有这样一个规定：凡是这样的竖排都叫作“列”在确定第几列的时候一般都是从左往右数。 列和行形成了一个交叉点，这个交叉点就确定了小强的位置。 现在，你能重新说说小强所在的位置吗？你是怎样数的？ 小结：在确定位置时，不但对列和行的顺序有所规定，而且一般情况下要先确定列再确定行。 现在请你再给大家描述一下小强的位置，好吗？ 大家能说出小华、小亮和小芳的位置吗？ 2. 实物抽象为点子图。 小强的位置是一列和一行的交叉点，每个同学的位置都是一列和一行的交叉点。如果把图中每个同学的位置都用这样一个小圆圈来表示，你还能找到小强的位置吗？怎么找？你能找到其他同学的位置吗？ 用圆圈表示一个人的位置，你觉得这种表示的方法怎么样？
活动二 （在比较优化中感受新知）	1. 认识数对。 怎样才能既准确又简明地表示小强的位置呢？自己试着在练习本上创造一种你认为最好、最简捷的表示方法吧。 学生汇报展示、集体交流。 这些表示方法虽然不完全相同，但也有许多共同点，谁能来说一说？ 在数学上，对这样表示位置的方法有个统一的规定，例如小强的位置用 3 和 2 两个数字来表示，通常数对前面的数表示第几列，后面的数表示第几行，中间用“,”隔开，因为它们是一个整体，就在外面加上“（　　）”，读作数对三二或第 3 列第 2 行。像这样表示位置的方法在数学上叫作“数对”。自己试着读一读表示小强位置的数对吧。 想一想，怎样用数对表示出小刚的位置？其他同学呢？ 2. 用数对表示方格图中物体的位置。 小强的位置用数对表示是（3,2），你能在图上标出他的位置吗？

（续表）

教学板块	教学过程
活动二 （在比较优化中感受新知）	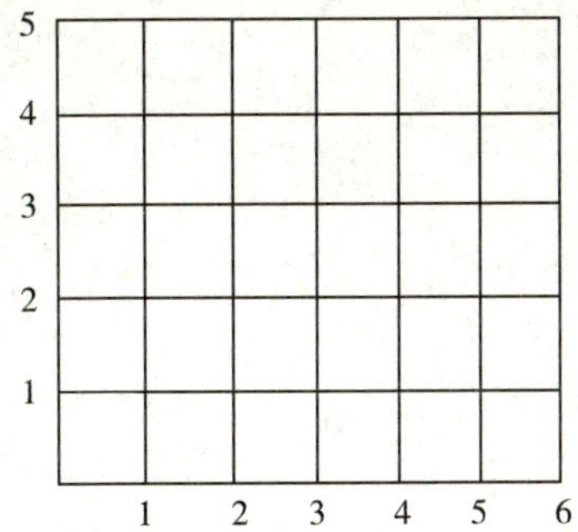 小军和小丽的位置用数对表示分别是（1,1）和（5,4），你能在图上标出他们的位置吗？
活动三 （实践应用，拓展提升）	1. 深入理解数对。 自主练习：用数对表示下面拼图中每个小动物图片的位置。 找一找，表示这些小动物图片所在位置的数对有什么规律？ (2,2)，(3,2)，(4,2)，(3,3)。 2. 找朋友：从你的角度观察，用数对表示出自己所在的位置，并在纸上写出来。然后，说出与自己数对里的数字相同的同学的数对，被提到的同学起立挥挥手，如（1,6）和（6,1）。 小结：大家看，虽然这两组数对都用到了数字 1 和 6，但它们表示的并不是同一个人的位置。所以说，数对具有唯一性。 下面我来说数对，请与我的数对相同的同学起立：数对（3,x）。 师：如果我们想要用数对表示在同一列的物体的位置，可以怎样表示？ 数对（x,y）指的是哪些人呢？ 3. 自己在方格纸上设计一个图形，并用数对表示各顶点的位置。
小结	同学们，现在请你回想一下，这节课你都有哪些收获？ 学生回答。 生 1：我能准确地描述一个人的位置了。 生 2：通过今天的学习，我能根据数对找到物体所在的那个位置。 生 3：我知道了用简单的数字符号就可以代替很长的一段话，找到了数学的简洁美。 ……

教案2：分数乘整数

内容来源：青岛版五四学制小学《数学》教材五年级上册第 4 单元

课　　时：本单元共 9 课时，第 1 课时

授课班级：五年级 5 班

课标条目：

1. 能分别进行简单的小数、分数（不含带分数）加、减、乘、除运算及混合运算（以两步为主，不超过三步）。
2. 能解决小数、分数和百分数的简单实际问题。

教学目标：

1. 通过自主探索，了解分数乘整数的意义，知道“求几个几分之几相加的和”可以用乘法计算。
2. 通过自主探索，掌握分数乘整数的计算方法，能正确计算。

评价任务：

1. 看图列式，并说说每个算式表示的意义。

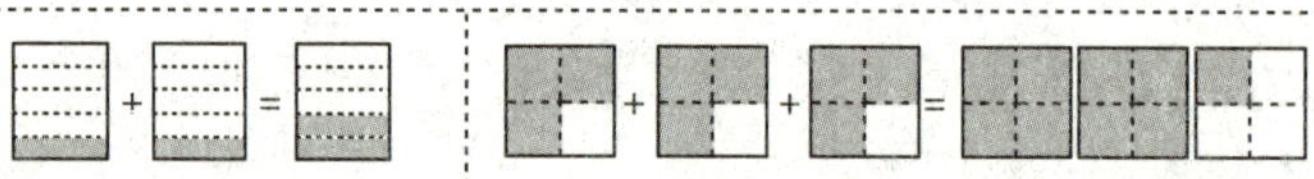

(　　)+(　　)=(　　)　　　　(　　)+(　　)+(　　)=(　　)

(　　)×(　　)=(　　)　　　　(　　)×(　　)=(　　)

2. 计算。

$10\times\frac{3}{2}=$　　　　$\frac{5}{49}\times5=$　　　　$\frac{13}{49}\times21=$

教学板块	教学过程
导入 （复习旧知，谈话引入）	出示整数连加算式：5 + 5 + 5 + 5 + … + 5（一共 20 个 5 相加）。谁能很快说出它们的和是多少？在整数中，求几个相同加数的和，用乘法计算比较简便。 出示分数连加算式：$\frac{2}{5}+\frac{2}{5}=$　　　$\frac{2}{5}+\frac{2}{5}+\frac{2}{5}=$ 如果是 20 个$\frac{2}{5}$相加呢？你会怎样列式？ $\frac{2}{5}$和 20 分别是什么数？这是一道怎样的乘法算式？ 这就是今天我们要探究的新知识——分数乘整数。

（续表）

教学板块	教学过程
活动一 （理解意义，探究算理）	$\frac{2}{5}\times 20$ 表示什么意义？ 你能说出几个这样的分数乘整数的例子吗？你能说出它们表示的意义吗？
活动二 （探究算法）	谁能结合 $\frac{2}{5}\times 20$ 这个算式说说分数乘整数是怎样计算的？ 学生谈自己的方法，学生代表在黑板上写出计算过程。 小结：计算分数乘整数的时候，可以用分子和整数相乘的结果作为积的分子，积的分母仍是原来的分母。 大家再仔细观察，这两位同学在计算时都有约分的过程，只是约分的位置不同，如果说第一个同学的方法是“先乘后约”，那第二个同学的方法是什么呢？（先约后乘） 你认为哪种方法好呢？举例说明。 $\frac{8}{21}\times 8$ 这个算式能否先约后乘？ 小结：分数与整数相乘，要用分子与整数相乘，分母不变。计算时，能约分的要先约分再计算。约分时，不能只看到有公因数就去约分，还要看位置，必须是分子和分母才能进行约分。
活动三 （巩固新知，综合应用）	1. 看图列式，并说说每个算式表示的意义。 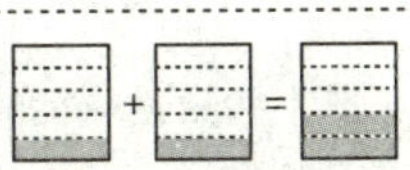 （　　）+（　　）=（　　） （　　）×（　　）=（　　） 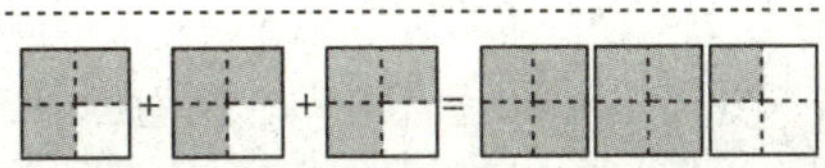 （　　）+（　　）+（　　）=（　　） （　　）×（　　）=（　　） 2. 计算。 $\frac{2}{7}\times 3=$　　$10\times\frac{3}{2}=$　　$\frac{5}{49}\times 5=$　　$\frac{13}{49}\times 21=$
小结 （课堂总结，交流收获）	一节课很快就要过去了，你有什么收获想跟大家说说？ 学生回答。 生 1：在数学中学会的方法，在很多地方都可以重复使用。 生 2：看着图，我终于明白了分子和整数相乘的原因。 ……

教案3：比的意义

内容来源：青岛版五四学制小学《数学》教材五年级上册第7单元

课　　时：本单元共7课时，第1课时

授课班级：五年级5班

课标条目：

1. 在实际情境中理解比的含义，并能解决简单的问题。
2. 经历与他人交流各自算法的过程，并能表达自己的想法。

教学目标：

1. 在具体情境中，能正确读写比，记住比的各部分的名称，能正确求比值。
2. 结合具体实例，找出比与比值的联系和区别，以及比与除法、分数的联系和区别，明确比的后项不能为零。

评价任务：

1. 结合实际生活，举例说说1∶4的含义、各部分的名称，并求出它的比值。
2. 填一填。

$(\quad):2=\frac{1}{(\quad)}=(\quad)\div(\quad)=0.5$　　　$(\quad):(\quad)=0$

教学板块	教学过程
导入	端出两杯蜂蜜水，1号杯装有2克蜂蜜和30克水，2号杯装有7克蜂蜜和70克水。猜一猜，哪杯蜂蜜水更甜？ 找一个学生分别品尝这两杯蜂蜜水，然后说说品尝后的味道。 要想知道哪杯水更甜一些，你觉得用什么算式表示出蜂蜜和水这两种量之间的关系最为恰当？每个杯子里蜂蜜和水的质量存在什么关系呢？
活动一 （联系旧知，引出新知）	$30\div2=15$　$70\div7=10$　水的质量是蜂蜜的几倍？ $2\div30=\frac{2}{30}$　$7\div70=\frac{7}{70}$　蜂蜜的质量是水的几分之几？ 除法表示两个量之间的倍数关系，除法和分数之间有什么联系和区别？ 联系：对$2\div30=\frac{2}{30}$而言，被除数是这个分数的分子，除数是分母。 区别：$2\div30$是个除法运算，$\frac{2}{30}$是个分数。虽然$2\div30$和$\frac{2}{30}$的表示形式不同，但都是表示蜂蜜和水的质量的关系。而蜂蜜和水的质量的关系，除了用除法和分数来表示之外，还可以用另一种表示方法，那就是“比”。

（续表）

<table>
<tr><th>教学板块</th><th>教学过程</th></tr>
<tr><td>活动二
（充分感知，建构意义）</td><td>1. 探究同类量的比。
板书：蜂蜜和水的质量比为2∶30或$\frac{2}{30}$。
学生试着读一读。
比的分数形式读法与分数是有区别的。
范读：2∶30（$\frac{2}{30}$）读作2比30。
你觉得比是什么？它可以表达两个量的什么关系？
小结：不论是蜂蜜和水的质量比，还是水和蜂蜜的质量比，都是两个质量的比，相比的两个量是同类的量。
过渡语：在我们的生活中，还有很多两个数量进行比较的例子。
2. 探究不同类量的比。
（1）引发思考：路程和时间是相除的关系，可以用比来表示。
一辆汽车，3小时行驶了240千米，怎样求它的速度？请独立计算出结果。
讨论：这道题可用除法计算，能不能用比来表示路程和时间的关系？
提问：路程和时间的比还是不是同类量的比呢？
（2）概括比的意义。
从上面的两个例子不难看出，对两个数量进行比较可以用除法，也可以用比。两个数量相除叫作“两个数的比”，两个数的比表示两个数相除，这就是比的意义。
（3）认识比的各部分的名称以及求比值。
240÷3=80（千米/时）。
对比前边的比，发现这是两种不同类的量，它们相关联，相比得出一种新的量，就是速度，也就是比值。
学生归纳总结求比值的方法。
（4）举出生活中不同类量的比。
（5）讨论、分析、总结比、除法和分数之间的联系与区别。</td></tr>
<tr><td>活动三
（练习巩固，拓展提升）</td><td>1. 先读一读下列各比，并求出它们的比值。
1∶4　　　9∶3　　　0.2∶1
学生独立解决，集体订正，让学生说计算过程。
学生观察比较，得出结论：比值可以用分数表示，也可以用小数或整数表示。
2. 填一填。
（　）∶2=$\frac{1}{(\quad)}$=（　）÷（　）=0.5　　　（　）∶（　）=0
学生说答案并交流出错原因，比的后项为什么不能为零？
学生说说理由。</td></tr>
<tr><td>小结</td><td>谈谈这节课的收获。
学生回答。
生1：我知道了生活中有很多的数学知识，这些知识都挺有趣。
生2：我知道了比的后项为什么不能为零了。
生3：我刚才在学习不同类量的比的题目中出错了，现在改正过来了，也学会了。
……</td></tr>
</table>

7 三年级英语上学期课程纲要

课程名称：小学英语
课程类型：必修课程
教学材料：山东科学技术出版社义务教育教科书《英语》三年级上册
课时总数：46 课时
授课对象：三年级学生

一、背景分析

（一）课标分析

《课程标准》对本学期教学目标的基本要求：对英语有好奇心，乐于模仿，敢于表达，能用英语简单交流与表达。

（二）教材分析

教材提供了学生最为熟悉的话题，有利于丰富学生的口语表达内容，使学生乐于进行口语交际；教材提供了 11 首英语儿童歌曲和歌谣，这些歌曲、歌谣起到了巩固语言知识技能、激发学习兴趣的作用；教材为学生设计了许多具有交际意义的任务与活动，同时，前面单元的重点句型在下一单元里将会在不同情境中得以拓展运用，有利于学生在具体情境中运用语言提高英语学习的兴趣与自信心。教材提供的字母教学资源过于单一，不足以达成"字母教学"的目标，可借助字母卡、相关视频、游戏等加以丰富。

（三）学情分析

三年级是英语学习的起始年级，大多数学生不具备英语语言技能、英语知识基础、自然拼读能力及英语课外阅读习惯，但对英语学习有兴趣，认为学习英语有用，但具体作用尚不明晰。因此，三年级上学期英语课程实施应该从最为基础的知识技能开始。在课堂活动设计的时候要注意考虑活动的趣味性，进一步激发和保持学生对英语学习的兴趣。“自然拼读能力的培养”“英语课外阅读的方法、能力及习惯养成的启蒙教育”及“英语学习的意义”应该成为三年级上学期英语课程实施的重点。

二、学期目标

1. 通过较为真实的语境来感知语言、理解语言、操练语言以及运用语言。能听懂、说出且认读 78 个单词（单词表中的黑体单词），能听懂且说出 33 个单词；能根据指令做事情；能根据图文说出单词或短句；能相互致以简单的问候、告别，能相互交流简单信息；在运用语言的过程中激发学习英语的兴趣，乐于接触英语，进而了解中外文化的异同，并能够尝试查找自己感兴趣的外国文化。

2. 能通过反复跟读，对比并纠正自己发音的不足之处。能根据录音模仿说话，并据此正确地朗读所学课文。通过跟读英语课外读物音频，能够乐于感知并发现身边的英语。

3. 能通过教师讲解及观摩范例，背唱出英语儿童歌曲和歌谣 11 首，配合完成简单的小组活动，按要求用简单的英语做游戏；能通过每周 20—25 分钟课文动画片的整体感知、理解、跟读，看懂语言简单的英语动画片或程度相当的英语教学节目；能通过以上说唱、玩演、视听活动，体会学习英语的乐趣；敢于开口，与小组内同学积极合作，遇到困难时能大胆求助，积极参与课堂活动。

4. 能通过参与自然拼读课的活动，在不按字母顺序呈现的情况下读出 26 个英文字母的字母名与字母音；知道要根据单词的音、义、形来学习词语；具有初步的音素意识，知道单词是可以按拼读规律拼读出来的。

5. 在具体的语境中理解名词的单复数形式。

6. 通过本学期的学习，知道复习与集中注意力的重要性，能够在老师的指导下积极复习并在学习中集中注意力。

三、课程实施建议

（一）课程资源

1. 学习材料：《小学生学习园地 · 英语》三年级上册，课外读物，音频、视频，《学案》。

2. 工具材料：点读笔、单词卡片、字母卡片、头饰等。

3. 网络资源：一起作业网。

（二）实施建议

1. 目标一：利用教材创设的较为真实的语境来感知语言、理解语言、操练语言以及运用语言。

2. 目标二：利用点读笔点读课本及课外读物中的音频或视频，反复跟读，对比并纠正自己发音的不足之处，能根据录音模仿说话。

3. 目标三：利用教材提供的歌曲、歌谣、游戏、课文动画片进行课前热身，操练运用语言达成说唱、玩演、视听目标。

4. 目标四：从第 4 单元开始，每单元增加 2 课时自然拼读课，利用教材第 1 课和第 3 课第三部分“Listen and read”，借助字母卡片、相关视频、游戏，达成相关目标。

5. 目标五：通过第 7 单元询问数量的学习，能在具体的语境中理解名词的单复数形式。

6. 目标六：利用一起作业网进行复习，利用《小学生学习园地 · 英语》（三年级上册）进行单元复习；通过课后表现评价及课堂纪律评价，知道复习与集中注意力的重要性，能够在老师的指导下积极复习并在学习中集中注意力。

7. 借助每堂课的《学案》进行自主学习、小组合作、课后拓展等活动。

8. 课外拓展性练习：阅读、课本剧表演。

四、课程评价

（一）评价指标

本学期的课程评价以四个等级呈现给学生，等级按百分制量化划分：

等级	分数
A	≥90
B	80—89
C	60—79
D	<60

成绩由过程性评价（50 分）和终结性评价（50 分）两部分构成。

1. 过程性评价：

评价内容	评价方式
综合能力评价 （30 分） 目标一、二、六	课代表按小组的课堂表现（分角色朗读课文、简单角色扮演、课堂纪律等）进行小组合作积分记录与汇总。学期末，总分在班内排名为前 30% 的小组所有成员（小组长或两名本组成员认定不积极完成小组共同任务者除外）得 30 分，不积极参与者得 15 分；在班内排名为后 30% 的小组所有成员得 15 分，中间 40% 的小组所有成员得 25 分。
学习策略评价 （10 分） 目标二、六	1. 跟读反馈条：组长对本组成员每日跟读反馈条的情况进行检查，以“每天能否按要求完成 10 分钟跟读或背诵”为标准进行分档计分：10 分，6 分，0 分。学期末，组长进行汇总，算出本学期的平均分，并计入总分。课代表对组长进行评价，教师对课代表进行评价。 2. 课外阅读：利用图片进行理解，利用音频进行跟读。（教师提供资源，指导方法，课上部分同学交流展示阅读收获，暂不做评价） 3. 一起作业网：系统自动生成评价及奖励，不再计入学期评价成绩。
专项能力评价 （10 分） 目标三、四	组长以“能否完成《个人学习任务表》上的各项任务（背诵每篇课文，能规范默写出 26 个英文字母，能背唱出英语儿童歌曲和歌谣 11 首，独立唱出 *Phonics Song*，每单元一次用汉语表述英语动画片大意）”为标准，对组员进行分档计分：10 分，8 分，6 分，4 分，0 分。课代表对组长进行评价，教师对课代表进行评价。学期末，课代表进行汇总，算出本学期的平均分，并计入总分。
目标五	在学习第七单元时做当堂评价：设定情境，让学生描述。

2. 终结性评价：

终结性评价主要以纸笔测试和口语测试为主，纸笔测试包括听力部分和笔试部分，满分 100 分，按 40% 计入学期评价成绩。口语测试借助“一起作业网”平台进行，满分 100 分，按 10% 计入学期评价成绩。

（二）评价结果处理

学期评价成绩在 60 分以上为合格，在 60 分以下为不合格。成绩不合格者可以申请补考，补考安排在下学期开学第一周。

教案1：What’s your name?

内容来源：鲁科版小学《英语》教材三年级上册第2单元第2课

课　　时：本单元共4课时，第2课时

授课班级：三年级1班

课标条目：

1. 能相互致以简单的问候。
2. 能相互交流简单的个人信息，如姓名、年龄等。
3. 能体会到英语学习的乐趣。

教学目标：

1. 通过模仿、跟读，能够听、说、认读单词：what’s，your，name，my。
2. 能听懂、会说句型“What’s your name?”和“My name’s...”，并会运用句型询问他人的姓名。
3. 运用句型进行简单的英语交流，体会学习英语的乐趣。

评价任务：

1. 出示单词，请同学正确读出。（检测目标1）
2. 男女生互相问答，练习运用句型“What’s your name?”“My name is...”询问他人的姓名。（检测目标2）
3. 通过玩找朋友的游戏，让学生在实际的交流中学会正确运用句型。（检测目标3）

教学板块	教学过程
导入	1. Greetings：T：“Good morning，boys and girls. How are you?”（学生回答，教师鼓励学生大胆地用英语表达） 2. Sing *This is Jenny* together.
活动一	1. Free talk：教师头戴Mr Wood的头饰，“Look，now I am Mr Wood”，走向学生，和学生一一握手对话，复习前面学过的内容。T：“Hello,...”“Good morning,...” 2. 采用层层递进的方式，引导学生复习前面学过的句子并将其导入到新课的学习中。T：“What’s your name?”引导学生用“My name’s...”来回答。（教师提示：My name is = My name’s，注意连读） 3. Guessing game：课件出示几幅不同的人物图片，并用遮盖功能创设信息差，让学生重点练习“My name’s...”并板书出来。 4. 课件出示几幅不同人物的图片，让学生用“What’s your name?”来询问他人的姓名。 5. 男女生互相问答。男：“What’s your name?”女：“My name is...”

（续表）

教学板块	教学过程
活动二	“开火车”游戏：教师可叫起某一行学生，问第一位学生问题。T：“My name is... What's your name?” S1：“My name is...” 然后，由这个学生与站在他（她）后面的同学把对话继续下去。（如果学生独立完成有困难，教师可提供帮助）
活动三	1. Listen and imitate. 2. Read in groups. 3. Act it out：让学生戴上 Guo Yang，Jenny 和 Mr wood 的头饰，将课文表演出来。 4. Play a game（Seeking friends）：把 Jenny，Guo Yang，Mr Wood，Li Ming，Wang Hong，Danny 的头饰分发给六位同学，请学生们运用句型 “Hello,...” “What's your name?” 来进行找朋友的游戏，并使用句型 “Nice to meet you.” 来问候，在规定时间内看谁找的朋友多。 5. Let's sing *What's your name*? 先让学生整体感知，再让学生跟唱。
小结	1. 学生之间用 “What's your name?” 进行询问他人姓名的活动，进一步掌握并正确运用语言。 2. 请每一位学生用 “What's your name?” 询问其他班级同学的名字，至少3人，在交流中学会运用。

教案2：This is my mother

内容来源：鲁科版小学《英语》教材三年级上册第3单元第1课

课　　时：本单元共4课时，第1课时

授课班级：三年级1班

课标条目：

1. 能根据听到的词句识别、指认图片或实物。
2. 理解和运用有关下列话题的语言表达形式：家人与朋友。
3. 敢于开口，在表达中不要怕出错误。

教学目标：

1. 能听、说、认读下列单词：family，mother，father，sister，brother。学生敢于开口说英语。
2. 能听、说句型"This is my..."，并用此句型介绍家庭成员。
3. 通过向同学介绍自己的家人，加强彼此之间的了解，愿意用英语互相交流。

评价任务：

1. 出示家庭图片，学生能正确说出家庭成员。(检测目标1)
2. 学生能跟读提供的图片，并能运用句型"This is my..."介绍某个家庭成员。(检测目标2)
3. 学生能用"This is my..."互相介绍自己的家人，并到黑板前面展示。(检测目标3)

教学板块	教学过程
导入	1. 出示同学们比较熟悉的欧美动画人物，请学生用学过的问候语和他们打招呼。 2. Sing *Finger Family*. 播放歌曲，让学生边唱边做动作。
活动一	1. T：This is finger family. And now，our friend Jenny is introducing her family to us. First，let's listen and circle the family members. 提出任务导入新课，激发学生的好奇心，提高学生学习新知识的积极性。 2. 听课文录音，整体感知课文，并圈出家庭成员的单词，学习认读单词。卡片呈现新词"family"，并认读。课件出示 Yao Ming，Liu Xing，Xiao Xin，Xiao Huihui 的全家福，在句子"This is my family"中练习"family"。 3. 学习"father，mother，sister，brother"，呈现 Jenny 的全家福，在句中练习"father"等，并会用"This is my father"等，介绍自己的家人。 4. 快速反应：出示 Jenny，family，father，mother，sister，brother 的图片，让学生快速用句子"This is..."说出来。引导学生总结说出 Jenny 的一家人。This is my family. This is my father. This is my mother. This is my sister. This is my brother.

（续表）

教学板块	教学过程
活动二	1. 教师出示自己的全家福，给学生做示范。 Hello, I'm ________. This is my ________. This is ________. This is ________. This is ________. I love my family. T：Can you introduce your family? Now, work in groups, and try to introduce. 2. 请学生互相介绍自己的家人，并到黑板前面来展示。让学生在具体情境中练习本节课的重点内容，巩固所学知识。
活动三	1. Learn the song *Family*. T：Boys and girls, your family is very happy and full of love. And in your family, there are father and mother. And you should love your father and mother.（边说边用课件展示） Now, let's enjoy a beautiful song *Family*.（学唱歌曲） 2. 播放中央电视台公益广告 *Family*，进行情感教育，激发学生对家的热爱之情和对家人的感恩之情。
小结	1. 让学生用全家福的照片，运用“This is...”来向同伴介绍自己的家庭成员。 2. 说说家人对自己的爱，激发学生爱家人的美好情感。

教案3：She's a doctor

内容来源：鲁科版小学《英语》教材三年级上册第3单元第3课

课　　时：本单元共4课时，第3课时

授课班级：三年级1班

课标条目：

1. 能根据图文说出单词或短句。
2. 理解和运用有关下列话题的语言表达形式：个人情况、家庭。
3. 能做简单的角色表演。

教学目标：

1. 能够听、说、认读单词：farmer，teacher，doctor；喜欢说英语。
2. 能够听懂、会说句型"He's/She's a..."并能够运用句型介绍他人的职业。
3. 通过表演不同的职业，了解不同职业的辛苦，激发学生尊重每一位劳动者的情感。

评价任务：

1. 出示职业图片，学生能正确说出不同的职业。(检测目标1)
2. 学生能根据提供的图片，运用句型"He/She is..."，正确说出图中人物的职业。(检测目标2)
3. 进行小组合作，表演各种职业，并能正确描述。(检测目标3)

教学板块	教学过程
导入	1. Greetings：T："Good morning，boys and girls."（进行简单的英语问候） 2. 通过教师展示TPR（全身反应法），让学生猜是哪一位家庭成员，在充满挑战的游戏中复习已学过的内容。 3. Free talk：Introduce your family. 展示"全家福"照片或图画，请学生到黑板前面介绍自己的家人。
活动一	1. Lead in：T："Good job! Your family is full of love. And now, our friend Guo Yang is introducing his family. Let's have a look! This is Guo Yang's family. Who are they?"让学生带着问题，整体感知课文。 2. Text study：分图学习课文，学习单词farmer，teacher，doctor。出示课本上爷爷、奶奶的照片，播放录音："Look, this is my grandpa. He's a ________. Look, this is my grandma. She's a ________, too."让学生听录音，并将句子补充完整。

（续表）

教学板块	教学过程
活动一	出示爸爸的照片，播放录音："Look, this is my father. He's a ________." 卡片呈现新词"teacher"，引导学生说出整个句子。出示妈妈的照片，播放录音："Look, this is my mother. She's a ________." 卡片呈现新词"doctor"。为学生提供熟悉的人物，在具体的情境中练习。 3. Guessing game：先引导学生说出表示职业的单词 farmer, teacher, doctor，然后进行游戏。T："Now, let's play a guessing game." 出示部分图片，让学生猜测性别和职业，在游戏中练习单词以及句子"He's/She's a..."。通过游戏激发学生学习的兴趣。
活动二	1. Listen and imitate：模仿纯正的语音、语调，纠正不正确的发音。 2. Read in pairs. T："Great! Now, work in pairs, to be Guo Yang, and introduce the family to your partner." 两人练习，相互纠错，会正确运用。 3. Act the text out：让学生戴上头饰，表演课文。 4. Learn the chant. T："Good job! Now, let's say a chant. First, let's listen." 学生整体感知，然后跟唱。
活动三	1. Group work：role play. 让学生使用听诊器、白大褂、草帽、课本等道具，以小组为单位，扮演医生、农民和教帅，并进行介绍。 S1：I'm a teacher/farmer/doctor. S2：I'm a... He's/She's a... S3：I'm a... He's/She's a... He's/She's a... S4：I'm a... He's/She's a... He's/She's a... He's/She's a... 在表演的过程中，提高学生运用语言的能力。 2. Pair work：introduce your family. T："Good job! You can act out the jobs well. Can you introduce your family member's job? Now, take out your pictures, work in pairs and introduce your family." 让学生用已经画好了的全家福和职业照片，介绍自己的家人。 This is my family. This is my ________ (grandpa/grandma/father/mother/sister/brother). He's / She's a ________ (teacher/farmer/doctor). 3. 播放关于职业的视频，激发学生对每一种职业的尊重之情。每一种职业都是社会所必需的，我们要尊重每一种职业。
小结	1. 请学生说一下自己所知道的职业。 2. 询问一下自己家人的职业，并在下一次的活动中进行展示。

教案4：How old are you?

内容来源：鲁科版小学《英语》教材三年级上册第7单元第3课

课　　时：本单元共5课时，第4课时

授课班级：三年级1班

课标条目：

1. 学生能相互交流简单的个人年龄信息。
2. 能初步注意到中外文化异同。

教学目标：

1. 能在语境中感知、操练，听懂并在具体语境中用“for/how old/guess/you're/happy birthday”进行准确表达。
2. 通过为同桌做年龄牌、小组合作创编短剧，能用“How old are you?”“I'm...”交流年龄，能感受到自己的成长与父母的付出分不开，并能用自己的方式表达对父母的感恩。感受询问年龄方面中外文化的异同。

评价任务：

1. 同桌互做年龄牌。(检测目标1)

   任务描述：A：How old are you?　B：I'm...

   A在卡纸上写上B的年龄递给B。

   B：This is for you. A：Thank you.

   然后角色互换。

   任务结果：(1) 制作好的年龄牌。(2) 过程展示对话。

   评价：(1) 全班举起做好的年龄牌，没有做完的说明没有完成任务的理由。(2) 在过程展示中，及时进行肯定并纠错。

2. 小组合作创编短剧。(检测目标2)

   任务描述：同学们每年都会庆祝自己的生日，在庆祝生日的时候不要忘记爸爸妈妈对我们的付出，在你生日聚会时献上你的一点心意。

   任务结果：小组表演出编排的生日聚会短剧。

教学板块	教学过程
导入 (热身：5分钟)	手放到背后，其他同学猜伸出几个手指头。猜对，主持人说“Yes”；猜错，主持人说“No. Guess”。 1. 教师示范。 2. 同桌二人进行游戏。 3. 学生主持人主持。

（续表）

教学板块	教学过程
活动一 （课前思考： 15 分钟）	1. 认真观察课文插图并听录音跟读，你知道了什么？ 2. 通过本节课的学习，你想知道什么？
活动二 （小组内交流 课前思考内容： 3 分钟）	1. 组长组织组员按 1，2，3，4 的顺序分项进行发言，小组共同确定每项的精彩发言人。 2. 选出最积极的两个小组展示每项发言。
活动三 （课堂提升： 16 分钟）	1. 出示课题，操练重点句型“How old are you?”“I'm...”。 2. 完成检测目标 1。 3. 在老师呈现的语境中感知、操练“for/how old/guess/you're/happy birthday”。 4. 小组合作排演课本剧。 5. 课本剧展示。 6. Enjoy the video about birthday. 7. 完成检测目标 2。
小结	1. What do you know? ____________________ 2. What do you want to know? ____________________

8 四年级英语上学期课程纲要

课程名称：小学英语
课程类型：必修课程
教学材料：山东科学技术出版社义务教育教科书《英语》四年级上册
课时总数：36—40 课时
授课对象：四年级学生

一、背景分析

（一）课标分析

《课程标准》对本学期的学习要求：

1. 对英语保持兴趣，喜欢听他人说英语。能够进行简单的角色表演，能听指令做动作、做游戏、涂色和连线，同伴之间能够交流简单的个人信息，会唱简单的英文歌曲，能够模仿范例书写词句。

2. 在学习中乐于模仿，敢于表达，对英语具有一定的感知能力，对外国文化习俗感兴趣。

（二）教材分析

在四年级上册中，中国男孩 Li Ming、加拿大女孩 Jenny、小恐龙 Danny 三个卡通式人物的生活和经历是贯穿全书的主线，从他们三个人相互认识的过程，到他们的喜好、饮食、学校、家庭、天气等方面，通过现实的情境，呈现出英语国家现实生活中最常用的词和口语。从四年级上册开始，也新增了“Try yourself”板块，下设“Enjoy it”“Check it”“Learn to learn”三个栏目：“Enjoy it”主要是引导学生参与阅读、喜爱阅读，进而养成良好的阅读习惯；“Check it”主要是引导学生对词语和技能进行自我判断和自我评价；“Learn to learn”主要是让学生掌握学习策略。这三个栏目的设置对那些有较高学习热情且学有余力的学生来说有自主学习之用，体现了教材兼顾共同基础与个性发展的理念。学生在三年级时学习了字母的书写，了解了字母在四线格中的位置，纠正了拼音与字母的不同。四年级上册中有关于字母与字母组合的读音规则教学，帮助学生感悟读音规则。

（三）学情分析

小学生具有模仿力强、求知欲强、记忆力好、心理负担轻、表现欲强和创造精神强等特点，这些都是儿童学习英语的优势。经过三年级一年的英语学习，学生能够听懂简单的问候用语，能够根据老师的简单指令做动作、做游戏、做事情（如涂颜色等）。四年级学生的年龄在 10 岁左右，这个年龄段的儿童容易为一些新奇刺激的事物所吸引，对课件里的动画和会发声的教具非常感兴趣。同时，他们对事物的感知比较笼统，往往只注意到一个点，看不出事物之间的联系和特点。比如在做作业时，有些学生的感知不够充分，经常出现看错题、混淆相似的字母、抄错单词的现象。在课堂内容的学习上，部分学生满足于课本内容的简单机械的重复，对英语的学习没有真正达到灵活运用。

二、学期目标

1. 能根据指令做事情，如画图、做动作等；能在图片和动作的提示下听懂简单的小故事并做出适当的反应。能用英语表达自己的喜好；会唱英语儿童歌曲和歌谣 5 首左右；能根据图文说出单词或短句。能进行角色表演；能在教师的指导下用英语做游戏并在游戏中进行简单的交际。

2. 能在图片的帮助下读懂简单的小故事；能正确书写单词。

3. 知道要根据单词的音、义、形来学习词语；学习有关本级话题的 103 个单词和 11 个左右的习惯用语。

4. 在具体的语境中理解以下语法项目的意义和用法：一般现在时和现在进行时。

5. 理解和运用有关下列话题的语言表达形式：学校与日常生活、文体活动、季节与天气等。敢于开口表达，在表达时不怕出错，乐于感知并积极尝试使用英语，在遇到困难时能大胆求助。

6. 能够积极与他人合作，共同完成学习任务。遇到问题时主动向老师或同学请教。在课堂交流中，注意倾听，积极思考。

7. 知道世界上主要的文娱和体育活动。

三、课程实施建议

（一）课程资源

1. 教材：义务教育教科书《英语》四年级上册，山东科学技术出版社出版。
2. 教具：教学光碟、数字化教学一体机、单词卡片、头饰等。
3. 网络资源：一起作业网。

（二）实施建议

1. 教学方式：

（1）Listen and say：本环节重点呈现本课重点知识以及重点句型。可以通过热身（歌曲或者 chant 等），提前把学生引入学习英语的环境中，然后导入（通过之前学过的与本课有关的知识或者话题引出本课新学的内容），再呈现新知（本环节是课堂中最主要的环节，通过学习重点句型把单词渗透其中，通过创设情境操练巩固句型和单词），再进行课文跟读（学生跟读，学习纯正的英语发音），最后进行课文的分角色朗读或表演，达到活学活用。

（2）Let’s talk：在本环节中，学生对本课重点句型进行进一步的操练，教师可以让学生在创设的情境中进行练习。

（3）Let’s do：在本环节中，学生通过小组合作、填写表格、与同伴练习，进一步掌握重点内容。

（4）Let’s copy：在本环节中，学生通过摹写，逐步掌握字母的正确书写方法，能够分辨出手写体和印刷体的区别。

（5）Listen and repeat：在本环节中，学生通过感知字母或者是字母组合的发音规律，能够更好地掌握和记忆单词。

（6）Fun time：本环节创设的轻松的学习氛围，让学生在愉快的情境中学会了英语，增强了学生学习的兴趣。

2. 学习方式：

（1）充分利用多媒体设备、数字化教学一体机、一起作业网、教学光碟、单词卡片、实物、图片、头饰等资源，让课堂更加丰富真实，有利于学生观察、模仿、尝试、体验真实语境；也可以通过网络以及《大猫英语分级阅读》等，培养学生的阅读能力，拓展学生的英语知识。

（2）开展多种多样的活动，如朗诵、唱歌、讲故事、演短剧，以及办英语角、英语墙报、校园或班级刊物等，还可以举办英语演讲会、英语演出、英语主题班会等，提供多种实际运用英语的机会。

3．课时安排：

小学四年级是学习英语非常关键的阶段，这一阶段的学习不仅能培养学生学习英语的兴趣，而且为初中进一步学习奠定了良好的基础。本册教材容量比较大，在学习时，学生要初步了解语音、语调、时态，掌握一定的词汇量，会说不太复杂的句子。因此，在课时安排上，“Listen and say”和“Let’s talk”环节要重点讲，每个单元共有5课，第1、2、3课是知识重点，每一课要用2课时的时间来让学生学习、练习和巩固。第4课是复习课，可以用1课时的时间来让学生综合运用本单元学过的语言知识。第5课“Try yourself”是一个拓展板块，可以用1课时的时间来让学有余力的学生保持学习热情：通过教师的引导，让学生开始有目的地进行阅读，并逐渐喜欢阅读，进而养成良好的阅读习惯；能够初步了解阅读的策略与方法，拓展视野。

四、课程评价

（一）评价指标

学期评价成绩以百分制呈现。成绩由两部分组成，即过程性评价（30分）和终结性评价（70分）。

1．过程性评价：

过程性评价分为课堂表现、一起作业网成绩、单词及课文朗诵、课本剧表演四部分。

（1）课堂表现：根据小组得分或者小红花的个数评分，占20%。

（2）一起作业网成绩：占30%。

（3）单词及课文朗诵：占30%。具体评分标准如下：

	读音（40%）	准确（50%）	肢体语言（10%）
优秀（90分及90分以上）	能够非常流利地读出单词与句子，注意单词的重音以及句子的语音、语调。	能够完全正确地读出单词与句子，做到不停顿、不重复。	在朗诵时能够用实物或者动作、肢体语言准确表达单词或句型，让别人能够通过动作理解句子的含义。
良好（80—89分）	能够读出单词与句子，较注意单词的重音以及句子的语音、语调。	能够较正确地读出单词与句子，错误不超过3处，经提醒能够继续读出。	在朗诵时能够较恰当地运用实物或者动作进行表达，别人能够理解动作的含义。

（续表）

	读音（40%）	准确（50%）	肢体语言（10%）
合格（60—79分）	能够基本读出单词与句子。	能基本读出单词与句子。	在朗诵时有动作或者肢体语言。
不合格（60分以下）	不能读出单词与句子。	不能读出单词与句子。	没有动作或者表演。

（4）课本剧表演：占20%。具体评分标准如下：

	自编对话（50%）	读音（20%）	准确（20%）	肢体语言（10%）
优秀（90分及90分以上）	能够根据课文句型自编对话3句以上，句型完整，能够与实际相联系，有实际意义。	能够非常流利地读出单词与句子，注意单词的重音以及句子的语音、语调。	能够完全正确地读出单词与句子，做到不停顿、不重复。	在朗诵时能够用实物或者动作、肢体语言准确表达单词或句型，让别人能够通过动作理解句子的含义。
良好（80—89分）	能够自编对话内容，句型完整，有实际意义。	能够读出单词与句子，较注意单词的重音以及句子的语音、语调。	能够较正确地读出单词与句子，错误不超过3处，经提醒能够继续读出。	在朗诵时能够较恰当地用实物或者动作进行表达，别人能够理解动作的含义。
合格（60—79分）	能够自编对话内容，句型完整。	能够基本读出单词与句子。	能基本读出单词与句子。	在朗诵时有动作或者肢体语言。
不合格（60分以下）	不能做出对话。	不能读出单词与句子。	不能读出单词与句子。	没有动作或者表演。

2. 终结性评价：

终结性评价主要以纸笔测试为主，听力部分和笔试部分各占50%，满分为100分，按70%计入学期评价成绩。

（二）评价结果处理

学期评价成绩在60分以上为合格，在60分以下为不合格。成绩不合格者可以申请补考，补考安排在下学期开学第一周。

教案1：We have Chinese

内容来源：鲁科版小学《英语》教材四年级上册第1单元第1课

课　　时：本单元共4课时，第1课时

授课班级：四年级5班

课标条目：

1. 学习有关本级话题范围的600—700个单词和50个左右的习惯用语，并能初步运用400个左右的单词表达二级规定的相应话题。
2. 理解和运用有关下列话题的语言表达形式：学校与日常生活。
3. 能根据图文说出单词或短句。
4. 积极运用所学英语进行表达和交流。

教学目标：

1. 能听懂、会说并认读单词：classmate，subject，Chinese，PE，today。
2. 能听懂、会说并运用句型"What subjects do we have this afternoon?"及其答语"We have Chinese and PE"，能够运用该句型询问我们所上的科目并回答。
3. 引导学生热爱自己的母语，让学生意识到学好语文是学好其他学科的基础。

评价任务：

1. 出示课程表图片，学生正确读出科目名称。(检测目标1)
2. 同桌互相问答，练习运用句型"What subjects do we have this afternoon?""We have..."。询问下午有什么课并回答。(检测目标2)
3. 通过根据课程表整理书包的游戏，让学生学会在实际的交流中正确运用句型。(检测目标3)

教学板块	教学过程
导入	1. Greetings：T："Good morning, boys and girls. How are you?"(学生回答，教师鼓励学生大胆地用英语表达) 2. 图片展示学习单词"classmate"，通过"This is a new classmate in Jenny's class, who's he?"的问题导入新课。

（续表）

教学板块	教学过程
活动一	1. 听录音，回答新来的同学是谁，新授单词“classmate”。 2. 再听录音，新同学 Tom 向 Jenny 询问了什么问题？在课文中画出 Tom 的问题，呈现并操练单词“subject”。 3. 课件出示答案“Chinese”和“PE”，同时出示图片，用句型“I like ________”来操练“Chinese”和“PE”。 4. 出示语文课堂的图片，进一步练习重点词“Chinese”，播放外国人学汉语的视频，让学生意识到汉语的重要性，引导学生热爱自己的母语，并努力学好自己的母语。 5. 引导学生找出表现 Danny 喜欢 PE 的句子“Yeah! We have PE today”，教授“today”。出示今天的课程表，在句型“We have ________today”中操练单词“today”。
活动二	1. Listen and read：听录音，跟读课文。 2. Read in groups：四人一小组，分角色朗读。 3. Role play：让学生戴上 Tom，Jenny 和 Danny 的头饰，将课文表演出来。
活动三	1. 出示班级课程表，猜一猜上午/下午有什么课，小组内运用“What subjects do we have this morning/afternoon?”“We have...”互问互答。 2. 拓展运用：根据课程表，整理书包。 A：What subjects do we have this morning/afternoon/today? B：We have Chinese，this is the Chinese book. We have ________，this is the ________book. 学生不会的科目教师可提示，或用汉语代替。
小结	1. 学生自由交流本课的收获。 2. 老师领读板书内容，再次复习巩固本节课的重点句型和所学新单词。

教案2：What’s your hobby？

内容来源：鲁科版小学《英语》教材四年级上册第2单元第3课

课　　时：本单元共4课时，第3课时

授课班级：四年级6班

课标条目：

1. 学习有关本级话题范围的600—700个单词和50个左右的习惯用语，并能初步运用400个左右的单词表达二级规定的相应话题。
2. 理解和运用有关下列功能的语言表达形式：喜好。
3. 能表达简单的情感和感觉，如喜欢和不喜欢。
4. 敢于开口，表达中不怕出错误。

教学目标：

1. 能听、说、认读下列单词：hobby，paper cutting，uncle，aunt，cook。
2. 能够在真实情境中口头灵活运用“What’s your hobby?”询问他人的业余爱好，并用“My hobby is...”或“I like...”来回答自己的业余爱好。
3. 能够在四线格内正确书写下列单词：run，sing，cook，dance。

评价任务：

1. 出示有关爱好的图片，学生能正确说出爱好名称。(检测目标1)
2. 学生在传卡片的游戏中，运用“What’s your hobby?”询问对方的爱好，对方结合动作，利用“My hobby is...”或“I like...”进行回答。(检测目标2)
3. 学生在课前发下的《学案》上完成单词书写任务，并到黑板前面展示。(检测目标3)

教学板块	教学过程
导入	1. Greeting. 2. 通过游戏（sharp eyes），复习学过的关于爱好的单词，并引出新单词“hobby”。
活动一	1. T:“Wow, we have so many good hobbies! What about Li Ming's family's hobby?”出示任务，导入新课，激发学生的好奇心，提高学生学习新知识的积极性。 2. 听课文录音，整体感知课文，通过问题“Who are Li Ming and Danny visiting?”，让学生圈出家庭成员的单词“grandpa, grandma, uncle, aunt”，学习认读新单词“uncle”和“aunt”。 3. 第二遍听录音，引导学生找出重点句型“What's your hobby?”，并进行重点句型的操练。 4. 第三遍听录音，通过问题情境，让学生找出重点句型的回答，在文本情境中理解并学习“paper cutting”和“cooking”两个新单词，进而理解课文。 5. Listen and imitate：让学生模仿纯正的语音、语调，培养良好的语感。在这一环节，了解学生掌握课文的情况。 6. Act it out：检测学生对本节课学习内容的掌握情况。
活动二	1. 出示关于爱好的图片（basketball/running/skipping/reading/singing/drawing），先进行师生问答，然后同桌之间进行问答。 2. Play a game（Pass the card）：学生有节奏地边传递单词卡片边读单词“hobby”，教师喊停，大家齐问“What's your hobby?”，手拿卡片的同学说“My hobby is...”。不说出词语，而是做一个动作，其他同学做出判断后说出“He/She likes...”，表演的学生回应“Yes/No, My hobby is...”。这次说出具体词语。运用游戏这种学生最喜欢的学习方式，调动学生学习的兴趣，引导学生在玩中巩固运用语言。 3. Enjoy a song *My Hobby*.
活动三	1. Read the words：run, sing, cook, dance. 2. Let's write：教师在四线格内示范，学生书空，然后在书上练写。
小结	询问学生“What did you learn?”并引导学生对本节课的语言知识进行归纳总结，强化学生对所学知识的记忆。

教案3：It will snow

内容来源：鲁科版小学《英语》教材四年级上册第5单元第3课

课　　时：本单元共4课时，第3课时

授课班级：四年级5班

课标条目：

1. 学习有关本级话题范围的600—700个单词和50个左右的习惯用语，并能初步运用400个左右的单词表达二级规定的相应话题。
2. 理解和运用有关下列话题的语言表达形式：季节与天气。
3. 在词语与相应事物之间建立联想。
4. 注意观察生活或媒体中使用的简单英语。

教学目标：

1. 能听懂、认读、会说、会写单词：sunny，cloudy，windy，snow，rain；能听懂、认读、会说单词：tomorrow，will，Hong Kong，shall。
2. 能够听懂、会说、认读表达天气状况的句型“How's the weather tomorrow?”“It will be sunny.”“It will rain.”“It will snow.”等。能运用所学单词、句子在实际生活中描述将来的天气情况。
3. 培养学生将学到的知识运用到真实生活场景中的能力，使学生具有一定的社会交流意识，激发学生对现实生活的关注与热爱。

评价任务：

1. 出示天气预报图片，学生能正确说出不同的天气情况。(检测目标1)
2. 出示天气预报图片，进行pair work，让学生利用所学重点句型“How's the weather tomorrow in...?”及答语“It will rain in...”进行互问互答。(检测目标2)
3. 播放故事*Jack's Life*：Different weather，Different life. 进行小组合作，组内谈论自己在不同天气下的生活。(检测目标3)

教学板块	教学过程
导入	1. Greetings：T："Good morning，boys and girls."师生进行简单的英语问候。 2. Enjoy an English song *How's the weather*？课前热身，使学生快速进入英语课堂状态。 3. Free talk：How's the weather? 让学生运用学过的知识，结合本节话题自由表达。
活动一	1. Lead in：T："We can find out the weather tomorrow in the newspaper，on the computer，on the radio and on TV. Look，Li Ming and his mum are watching TV. They want to find out the weather tomorrow. Let's have a look."让学生带着问题听录音。T："How many cities（城市）can you see?"整体感知课文。 2. Text study：图片环游，学习课文，学习单词：sunny，cloudy，windy，snow，rain，tomorrow，will。在教师设置的适当情境中进行操练。 3. It will be sunny tomorrow. Can you make suggestions?（学习并操练，提出建议的新句型"Shall we...?"） 4. 对比认识"It will rain/snow""It will be sunny/..."，让学生分清并归类不同天气情况的英语表达形式。
活动二	1. Listen and imitate：模仿纯正的语音、语调，纠正不正确的发音。 2. Read in pairs：呈现地图，Different cities have different weather，让学生讨论地图上不同城市的明日天气。 A：How's the weather in... tomorrow? B：It will/will be... 在教师创设的情境中，同桌互问互答，操练本节课的重点语句。 3. Act the text out：让学生戴上教师自制的头饰，对课文进行角色表演。
活动三	1. Different weather，Different life. 展示绘本故事 *Jack's Life*，让学生从绘本中 Jack 的生活回归到自己的生活，并分小组进行讨论，综合运用本节目标语言。 （出示未来一周天气）It will（be）________ on ________. I can ________. …… 2. 播放视频，提升情感：不管天气如何，享受生活，每天都会是美好的一天。
小结	1. 请学生说一下自己所知道的天气。 2. 询问学生今天所学的可以用来进行天气预报的单词和句子，齐读板书，加以巩固。

9　五年级英语上学期课程纲要

课程名称：小学英语
课程类型：必修课程
教学材料：山东科学技术出版社义务教育教科书《英语》五年级上册
课时总数：60 课时
授课对象：五年级学生

一、背景分析

（一）课标分析

《课程标准》对本学期教学目标的基本要求：对继续学习英语有兴趣；能用简单的英语交换有关个人、学校和朋友的简单信息，并能就日常生活话题做简短叙述；能在图片的帮助下听懂、读懂并讲述简单的故事，能在教师的帮助下表演小故事或小短剧；能根据图片、词语或例句的提示，写出简短的描述，能正确使用大小写字母和常用的标点符号；乐于了解外国文化和习俗。

（二）教材分析

本册教材以话题为纲，每个单元一个话题，共 7 个单元；以交际功能和语言结构为主线，逐步引导学生用英语完成实际且有意义的任务。Unit1 是与教师节有关的话题，主要内容是一般过去时。Unit2 的话题是“feelings”，继续学习和运用一般过去时。Unit3 的话题是生日，Unit4 的话题是加拿大的学校生活。每个单元的话题前后没有联系，但学习内容具有顺承关系。与四年级教材相比，本册教材中的课文篇幅较长，词汇量增大，而且增加了对书写单词、词组或句子的要求。每个单元后面的“Try yourself”里有篇配图小故事，这与课标里的“尝试阅读英语故事及其他英语课外读物”相匹配。而且，除了 Unit 4 和 Unit 7，其他单元的第 3 课都是用一般过去时讲述前两课所发生的事情。

（三）学情分析

五年级学生的年龄在 10－11 岁左右，虽然处于高年级学段，但仍然活泼好动，喜欢直观形象思维和抽象思维相结合，对游戏、竞赛还有兴趣。他们在学习了两年的英语后，已经完成了一级目标的学习，能够根据教师的简单指令做动作、做游戏、做事情，能做简单的角色表演，并养成了一定的英语学习习惯。五年级学生对英语的学习兴趣有所下降，在学习方法和学习策略方面存在经验不足等问题，加之有些家长不重视孩子的英语学习，所以出现了一定的两极分化现象。

二、学期目标

1. 能通过做游戏、说唱、玩演等多种活动方式，听懂课堂活动中简单的提问并给出正确的应答，能够积极参与各种课堂学习活动。能够借助多媒体网络资源，保持对英语学习的兴趣。

2. 借助图片、图像、手势、多媒体动画，能够听懂简单的话语、录音材料及小故事。能通过听、跟读、自读、上传录音的方式，正确流利地朗读课文会话，要做到大胆说，发音清楚，语音、语调正确。通过表演课本剧或创编英文小对话的方式，在教师和同伴的鼓励评价下，乐于模仿，敢于表达，喜欢表达。

3. 通过学唱自然拼读的歌曲和 chant，掌握更多字母及字母组合的拼读规律，能根据拼读的规律，正确读出本册课本的新单词以及课外读物中遇到的新单词，培养主动学习的能力。

4. 通过小组合作，根据自然拼读的规律以及运用读物中的 notes，尝试阅读每个单元“Try yourself”中的英语小故事或自己感兴趣的课外英文读物，并可以在教师或图片的帮助下复述简单的故事，养成按意群阅读的习惯。

5. 通过参与课堂上创设的情境，结合真实有意义的语境，使用话题词语和句型，用一般过去时描述以前的状态，正确表达自己的感觉。通过对比、探究、小组合作的方式，学习西方的圣诞节和中国的春节，能初步注意到中外文化的异同，乐于接触外国文化。

6. 通过临摹字帖、教师讲解和同伴互助，正确、规范地书写单词和句子，正确使用大小写和常用的标点符号。

三、课程实施建议

（一）课程资源

1. 教材：义务教育教科书《英语》五年级上册，山东科学技术出版社出版。

2. 学习材料：《小学生学习园地·英语》五年级上册，山东科学技术出版社出版。

3. 工具材料：电脑、课文动画、点读笔、单词卡、人物头饰等。

4. 网络资源：一起作业网、班级群以及乐教乐学平台。

（二）实施建议

1. 利用课件、多媒体资源、头饰等课程资源，课堂上的说唱、玩演等多种活动方式，激发学生学习的积极性，保持学生学习的兴趣。

2. 通过情境创设、开展游戏、角色体验、交流互动等方式进行口语交际和表达，在模仿秀、表演课本剧的活动中，养成跟读模仿、大胆开口、乐于表达的英语学习习惯。

3. 利用自然拼读的歌曲和 chant，通过单词中音素的组合或替换，教授字母组合的发音规律，让学生尝试拼读简单的单词。

4. 创设不同形式的英语活动，激励学生参与，如书写比赛、课本剧表演、绘本制作等。

5. 通过对比、探究、小组合作的方式，学习西方的圣诞节和中国的春节，能初步注意到中外文化的异同，乐于接触外国文化。

6. 借助课文动画或者点读笔，通过听、跟读、自读、上传录音、同伴互助的方式，听懂并正确朗读会话，做到大胆读。

7. 利用自然拼读的规律，借助点读笔，尝试阅读简单的英语故事，从而爱上阅读英文故事。

8. 利用一起作业网，进行知识的预习和复习。

四、课程评价

小学英语教学评价的目的是刺激学生的学习积极性和学习兴趣，评价应该以过程性评价为主，让学生积极地参与到平时的课堂活动中。

（一）评价指标

学期评价成绩以百分制呈现。成绩由两部分组成，即过程性评价（50 分）和终结性评价（50 分）。

1. 过程性评价：

过程性评价分为课堂表现、书面作业、课后学习情况三部分。

（1）课堂表现：把班里的学生分成小组，根据课堂上的各种表现来评价，如听讲的认真程度、大胆表达的程度、学习习惯的坚持情况、发音情况、小组合作完成任务的情况等。每节课获胜的小组可以得到一枚 good 的印章。

（2）书面作业。

评价标准：

项目	分值	项目	分值	项目	分值
书写工整，页面整洁美观	3 分	正确无误，占格正确	3 分	按要求完成，无遗漏，并对上次作业中的错误进行改错	4 分
书写较工整，页面较整洁	2 分	少量错误	2 分	晚交或有遗漏，并对上次作业中的错误进行改错	2 分
书写欠工整，页面脏乱	1 分	全错	0 分	不交作业	0 分

每次书写能得 8 分的也可以得到一枚 good 的印章。

（3）课后学习情况：能按时、认真完成课后学习活动的学生也可以得到一枚 good 的印章。

总结：集齐 5 个 good 的印章，便可以兑换一枚 great 的印章，5 个 great 的印章可以兑换一张小贴画，5 张小贴画可以兑换一张大贴画。最后，拥有 2 张或 2 张以上大贴画的为 50 分，拥有 1 张大贴画的为 45 分，拥有 3 张以上小贴画却不够 1 张大贴画的为 40 分，其他的为 35 分。

2. 终结性评价：

终结性评价可分阶段性、期中、期末三部分，满分均为 100 分，分别占结果评价的 30%、30%、40%，以总成绩的 50% 计入学期评价成绩。

（二）评价结果处理

学期评价成绩在 60 分以上为合格。成绩不合格者可以申请补考，补考安排在下学期开学第一周。

教案1：He’s excited

内容来源：鲁科版小学《英语》教材五年级上册第2单元第1课

课　　时：本单元共4课时，第1课时

授课班级：五年级4班

课标条目：

1. 能根据拼读规律读出简单的单词。
2. 能在图片的帮助下听懂、读懂并讲述简单的故事，能在教师的帮助下表演小故事或小短剧。
3. 能用简单的英语互致问候，交换有关个人、家庭和朋友的简单信息，并能就日常生活话题做简短叙述。

教学目标：

1. 通过课前听、跟读，课上教师教学，以及自然拼读规律和在相对真实的情境中的应用，认读、会说并规范书写下列单词：look，angry，sad，excited。
2. 通过听、跟读课文录音，小组合作，能够将课文的故事表演出来，并能够通过合作表演，主动去关心他人。
3. 通过教师讲述乌鸦喝水的故事，学生能够听懂并理解表示情绪的词语及句型，并能根据图片及提示，复述乌鸦喝水的故事。

评价任务：

1. 表演课本故事，可以不看书表演的给本组加2分，看书表演的给本组加1分。
2. 两人一组，完成课本活动2。能够正确完成的小组加1分，能够正确、流利完成的小组加2分，能够正确、流利并加上相应表情完成的小组加3分。
3. 复述乌鸦喝水的故事，大胆复述的给本组加1分，完整复述的给本组加2分。
4. 学生上传课文录音到班级群里，同伴和老师都给予评价。分别从朗读、语音及语调方面作出评价。

教学板块	教学过程
导入	1. 热身（Warm up）： Sing a song：Rain，rain，rain，go away！（边听边演） 2. 呈现（Presentation）： T：“Oh，it’s raining. John can’t go out to play football. So he is...”（引导学生说出单词“sad”）

（续表）

教学板块	教学过程
导入	用课件出示本课的第一幅图片，教师介绍：“But our friends Jenny，Li Ming，Wang Hong and Danny，they look...” S：“They look happy.” T：“Where are they going?” 播放课文录音，引导学生找出答案：“They're going to the park.”
活动一	1. 用课件出示第二幅图片，教师提问“What's Danny doing?”学生找出答案：“He's dancing in the rain.”教师提供四幅图片，学生两人一组练习对话。教师提问：“Is Danny excited?”教师出示单词卡片，教授“excited”。学生带着问题听录音，并回答：“Yes，he is.” 2. 用课件出示第三幅图片，教师提问：“What's Danny doing?”学生回答：“He's running.”教师提问：“Why?”学生再一次听录音并找出答案：“The sky is angry.”教师让学生做生气的表情，找学生使用句型“... is angry”描述自己的同学。 3. 教师引导学生观察第四幅图片，小组讨论当Danny发现自己的帽子丢了以后是什么感受。让学生自己阅读课文并找出答案：“He's sad.”教师板书，随后出示单词卡片，教授“sad”。 4. 情感渗透，教育学生要关心他人、帮助他人，养成助人为乐的良好品质。
活动二	1. Listen and imitate. 2. Read by themselves.
活动三	1. Act it out：表演课本剧，可以不看书表演的给本组加2分，看书表演的给本组加1分。 2. Practise in pairs：课本练习2。能够正确完成的小组加1分，能够正确、流利完成的小组加2分，能够正确、流利并加上相应表情完成的的小组加3分。 3. Tell a story：Crow Drinks Water. （1）学生自读故事。 （2）根据故事填空。 （3）根据提示，复述乌鸦喝水的故事，大胆复述的给本组加1分，大胆并完整复述的给本组加2分。 4. Homework： （1）Listen and repeat the text 3 times. （2）Describe the feelings when your classmates do actions outside the class.
小结	What's Danny doing? He's dancing in the rain. He's excited.

教案 2：When is your birthday?

内容来源：鲁科版小学《英语》教材五年级上册第 3 单元第 1 课

课　　时：本单元共 4 课时，第 1 课时

授课班级：五年级 4 班

课标条目：

1. 能根据拼读规律读出简单的单词。
2. 能用简单的英语互致问候，交换有关个人、家庭和朋友的简单信息，并能就日常生活话题作简短叙述。
3. 在学习中乐于参与、积极合作、主动请教，初步形成对英语的感知能力和良好的学习习惯。

教学目标：

1. 通过课前听、跟读以及自然拼读规律，能够认读、会说并规范书写下列单词：party，when，March，May，April，October。
2. 通过听、跟读课文录音以及课堂上教师创设的活动，能够听懂、会说、认读、运用句子“When is your birthday?” “It's in... /My birthday is in...”。
3. 通过小组合作和调查，能够运用句型“When is your birthday?”“It's in... /My birthday is in...”询问他人生日、介绍他人生日，从而尝试去关心他人。

评价任务：

1. 同桌两个人练习对话，练习课文第二部分“Let's talk”，能够正确完成的小组加 1 分，能够正确、流利完成的小组加 2 分。
2. 表演课本对话，可以不看书表演的小组加 2 分，看书表演的小组加 1 分。
3. 用本课句型调查本组同学的生日日期并进行记录。
4. 汇报其他小组组员的生日日期。能够积极进行汇报的小组加 1 分，能够积极进行汇报并汇报正确的小组加 2 分。

教学板块	教学过程
导入	1. Warm up（热身复习）： 调查班里一名今天过生日的学生。 T：Today is XXX's birthday. Let's sing the birthday song and say “ Happy birthday! ” to him/her. 2. Lead in（导入课文）： His/Her birthday is in...

（续表）

教学板块	教学过程
活动一	1. Watch and answer： 出示课本中的第一幅图片，告诉学生："Look，Li Ming，Danny，Wang Hong and Peter，they're eating in a restaurant." 再指着旁边的生日聚会图片，问学生："What are they doing?" They're taking ________. A：dancing party　　B：birthday party 2. Today is the girl's birthday. Do you know Li Ming，Danny，Wang Hong and Peter's birthday? Listen again and answer： When is Ling Ming's birthday? When is Peter's birthday? When is Wang Hong's birthday? 学习单词：March，April，May，October。 3. Make dialogues with your desk mate. "When is your birthday?" "It's in... /My birthday is in..." 同桌两个人练习对话，练习课文第二部分"Let's talk"。多找几组上台展示。（学习单词"September"）
活动二	1. Listen and imitate. 2. Read by themselves. 3. Role play.
活动三	1. Group work：四人一小组，互相询问生日，滚雪球练习"When is your birthday?""My birthday is..." 2. Make a survey： （1）每个小组准备一张表格，小组长用"When is your birthday?"来提问组里其他成员，组里同学一起再问组长："When is your birthday?"组长做记录后，试着练习汇报别人的生日。 （2）找几组学生到黑板前面说说组里其他同学的生日。可以每人说1～2个。
活动四	1. 小组交换表格，用英文描述其他同学的生日月份。"When is XXX's birthday?""XXX's birthday is in..."（可以制作全班的生日表进行叙述） 2. Do you know "When is your mother's birthday?" "When is your father's birthday?" Love your father and mother. Remember your parents' birthdays. 3. Homework： （1）Listen and repeat the text for five times. （2）Ask your parents' birthday and tell us next class.（自己制作一张调查表，调查家里成员的生日，向同学们说说）
小结	birthday　party When is your birthday? ——It's in March. ——My birthday is in March/May/October.

教案3：We had a football match

内容来源：鲁科版小学《英语》教材五年级上册第5单元第3课

课　　时：本单元共4课时，第3课时

授课班级：五年级4班

课标条目：

1. 能根据拼读规律读出简单的单词。
2. 能在图片的帮助下听懂、读懂并讲述简单的故事，并能就日常生活话题做简短叙述。
3. 在具体的语境中理解以下语法项目的意义和用法：一般现在时、一般过去时。
4. 能根据图片、词语或例句的提示，写出简短的描述。能正确使用大小写字母和常用的标点符号。

教学目标：

1. 通过课前听、跟读以及自然拼读规律，认读、会说并规范书写下列单词：won，easy，last，pass，got，shot。能够在教师创设的情境中正确运用这些单词。
2. 能通过读图读懂课文，并能找出教师提出问题的答案。
3. 通过教师提供的图片和词语的提示，小组合作，运用一般过去时描述刚刚过去的班级足球赛，并通过描述体会团结合作的重要性。

评价任务：

1. 自读课文，从课文中找出问题的答案。
2. 复述课本故事，可以借助提示，不看书复述的给小组加2分，看书复述的给小组加1分。
3. 根据教师提供的图片和词语，介绍本班刚刚举行的足球赛。
4. 通过任务3的介绍，根据教师提供的支架，写一写足球赛。

教学板块	教学过程
导入	1. Warm up: （1）Greetings. （2）Free talk：What sport do you like？ Did you...？ What did you do yesterday？

（续表）

<table>
<tr><th>教学板块</th><th>教学过程</th></tr>
<tr><td>活动一</td><td>1. Oh! You... Look. These are our friends, Li Ming and Danny. What did they do yesterday? Let's listen. （整体听录音）
What did they do yesterday?
They played football at school.
2. T：Oh. They had a match with Class One. Who won the football match? Let's listen and find the answer. （再次听录音）
Who won the football match?
Class Two won the match.
练习“won”：
They played basketball. They won the match.
... played table tennis. She won the match.
3. How did they win? Let's have a look.
（出示第一幅图，先看图后自读）通过单词卡片学习单词“their”。（出示“our，your”）
T：Who can talk about this picture?（给学生出示图，关键词：sunny，played football，had a match）
（出示第二幅图，听录音）
... jumps very high. It's easy to get the ball.
T：Who can talk about this picture?（给学生出示图，关键词：played well，not easy）
（出示第三幅图）Please read by yourselves，underline the words you don't know.（学生画出来后再听录音学习，看能否学会不会读的单词的发音）
学习“last”，借助单词“fast”学习“last”，渗透语音教学思想。
（结合图）Saturday is the last day in a week.
Winter is the last season in a year.
pass—passed　get—got　shoot—shot
T：Please pass the book to …
（图）…got the basketball and shot it.
（出示第三幅图）Who can talk about this picture? 关键词：passed，got，shot。
（出示第四幅图）Oh. Look! They were very excited. Let's listen.
goal(单词卡片学习)</td></tr>
<tr><td>活动二</td><td>1. Listen and imitate.
2. Read by themselves.</td></tr>
</table>

（续表）

教学板块	教学过程
活动三	1. Li Ming and Danny played football yesterday. Can you talk about the match? You can look at the pictures and use these words.（结合图片和提供的关键词复述课文） 2. Boys and girls, you all did a good job. I know you had a football match yesterday. What about your match? Can you introduce it to me?（让学生小组讨论、介绍自己的足球赛） 3. 小组介绍。 4. Can you write your match? Now let's write. 课件出示提示词，学生在纸上完成，然后展示。提醒学生注意写字姿势。
小结	Their class had a match with Class One. It was not easy to win the match. At the last minute,...　passed the ball to... got the ball　　　shot the ball win the match

10 三年级英语书写课程纲要

课程名称：小学英语
课程类型：必修课程
教学材料：山东科学技术出版社义务教育教科书《英语》三年级上、下册
课时总数：22 课时
授课对象：三年级学生

一、背景分析

（一）课标分析

《课程标准》对本学年的学习要求：能正确书写字母。（语言技能一级目标：读写）

（二）教材分析

学习书写 26 个字母的大小写的前提是能够准确认读，因此，三年级上学期的学习重点是认读 26 个字母的大小写。从三年级下学期开始，学生通过 5 个单元的“Let's copy”环节来学习书写 26 个字母的大小写，拼音的基础使学生在学习 26 个字母的书写时相对容易，但是，拼音的笔顺与英文字母的笔顺不完全相同，因此，如何能够正确地区分拼音与英文字母并按照正确的笔顺和占格书写英文字母是三年级下学期的教学重点。

（三）学情分析

认真书写的前提是要有正确的写字姿势，三年级的学生通过一、二年级的学习已经掌握了正确的写字姿势和握笔姿势。在学习书写英文字母时，对姿势不正确和握笔不正确的学生，教师要及时给予指导和纠正。通过一、二年级的拼音教学，学生已经学会在四线格中进行书写，而英文字母也是在四线格中进行书写，有了书写

拼音的基础，学生在学习英文字母的书写时相对容易。

二、学年目标

1. 通过范例呈现26个字母大小写的正确笔顺，并能按照正确的格式书写26个字母的大小写。

2. 通过模仿范例仿写单词。

三、课程内容

学习内容	课程内容安排	课时安排
26个英文字母的认读	三年级上学期	10课时
按照正确的笔顺与格式书写26个字母的大小写	三年级下学期	第1单元（7个字母）　2课时 第2单元（7个字母）　2课时 第3单元（6个字母）　2课时 第4单元（6个字母）　2课时 第5单元（综合）　2课时
模仿范例写单词	三年级下学期	2课时

四、课程实施建议

（一）课程资源

1. 义务教育教科书《英语》三年级上、下册，山东科学技术出版社出版。

2. 英语字帖：《英语课课练》三年级上、下册。

3. 四线三格教具、课件、多媒体设备。

（二）实施建议

1. 利用每单元的“Let’s copy”环节学习26个英文字母的大小写和占格位置。

2. 利用英语字帖进行摹写、仿写练习，达到书写正确、规范的要求。

3. 通过课件、多媒体设备呈现26个字母的大小写，并利用四线三格教具给学生演示正确的字母笔顺，让学生按照正确的笔顺进行书写。

五、课程评价

（一）评价指标

三年级英语书写的评价内容以正确书写26个字母的大小写为主，评价方式分为过程性评价和终结性评价。过程性评价旨在提高学生的书写水平，不计入总成绩。终结性评价以书面为主，评价办法是让学生在规定的时间内正确书写26个字母，根据学生的书写情况分为A、B、C三个评价等次。

1. 过程性评价：以学生自评为主，在学生练习了一段时间后给学生一个评价任务，在互评中自我提高。

评价任务目标：正确、规范地书写字母。

任务情景：经过一段时间的书写练习，给出两位同学的书写作业：一个是写得非常好的同学的作业，一个是写得不太好的同学的作业。

任务描述与活动过程：请同学们对比、观察这两位同学的作业，找出作业中写得好的地方以及写得不好的地方，并说明理由。让学生用自己的语言来进行描述，并请其他同学记录评判标准及标准制定者。

活动成果：请书写标准制定者作为评判全部同学书写是否达标的监督员，定期对全班同学的书写作业进行评价，并用表格的形式记录下来。这样同学们就会非常清晰地知道自己哪条做得还不够好，也便于老师和同学们有针对性地提供帮助，大家共同达成目标。

2. 终结性评价：

<table>
<tr><th colspan="2">评价等次</th><th>A</th><th>B</th><th>C</th></tr>
<tr><td rowspan="2">评价标准</td><td>目标1（能按照正确、规范的笔顺和占格书写26个英文字母的大小写形式）。</td><td>1. 能正确书写26个字母的大小写（见附录）。
2. 按照正确的笔顺书写26个字母的大小写（见附录）。
3. 按照字母在三格中应占的位置书写26个字母的大小写（见附录）。
（1）小写字母a，c，e，m，n，o，r，s，u，v，w，x，z写在中间的一格里，上下抵线，但都不出格。
（2）小写字母b，d，h，k，l的上端顶第一条线，下端抵着第三条线，占上面两格。
（3）小写字母f，g，j，p，q，y的中间要抵着第二、三条线，下端抵着第四条线。
（4）小写字母i和j的点、t的上端都在第一格中间，f和t的第二笔紧贴第二条线。
（5）小写字母h，m，n，u和大写字母H，N，U的竖笔要平行。
（6）大写字母都应一样高，占上面两格，但不顶第一条线。
（7）小写字母a，d，h，i，k，l，m，n，t和u，它们的尾笔是一个上挑的小圆钩，不能写成锐角。</td><td>1. 能正确写出20个字母的大小写。
2. 能按照正确的笔顺写出20个字母的大小写。
3. 按照字母在三格中应占的位置书写20个字母的大小写。
（1）小写字母a，c，e，m，n，o，r，s，u，v，w，x，z写在中间的一格里，下端抵线，不出格。
（2）小写字母b，d，h，h，l的下端抵着第三条线，占上面两格。
（3）小写字母f，g，j，p，q，y的中间要抵着第二、三条线。
（4）小写字母i和j的点在第一格中间，f和t的第二笔紧贴第二条线。
（5）小写字母n，u和大写字母H，N，U的竖笔要平行。</td><td>1. 能写出15个字母的大小写。
2. 能按照正确的笔顺写出15个字母的大小写。
3. 按照字母在三格中应占的位置书写15个字母的大小写。
（1）小写字母a，c，e，m，n，o，r，s，u，v，w，x，z与在中间的一格里。
（2）小写字母b，d，h，k，l占上面两格。
（3）小写字母f，g，j，p，q，y能占相应的格即可。
（4）小写字母i和j的点在第一格中间。</td></tr>
<tr><td>目标2（能尝试仿写单词）</td><td colspan="3">此目标不作为本年级检测内容</td></tr>
</table>

附录：

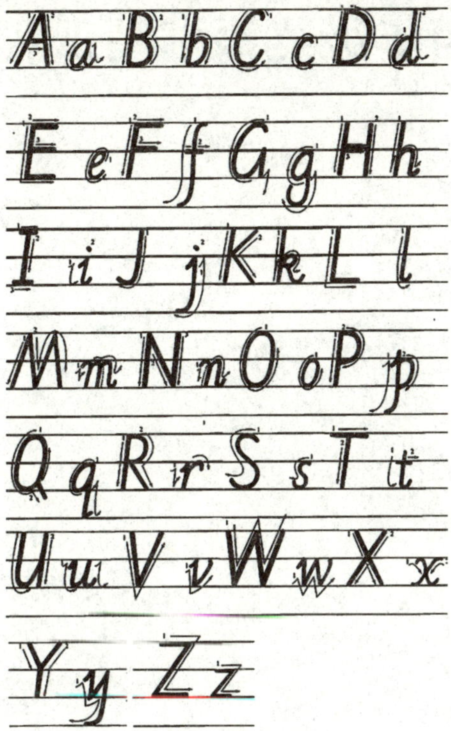

（二）评价结果处理

学年书写评价为 A、B、C，书写成绩是 B、C 的同学可以利用假期参照 A 的标准逐条进行练习，争取在新学期开学时自己的书写有一个大的进步。

11 四年级英语书写课程纲要

课程名称：小学英语
课程类型：必修课程
教学材料：山东科学技术出版社义务教育教科书《英语》四年级上、下册
课时总数：13 课时
授课对象：四年级学生

一、背景分析

（一）课标分析

《课程标准》对本学年的学习要求：1. 能正确书写字母和单词。（语言技能一级目标：读写）2. 能模仿范例写词句。（语言技能一级目标：读写）

（二）教材分析

通过三年级的学习，学生已经掌握了 26 个字母的大小写。本学年从上册开始，学生通过 5 个单元的“Let's copy”环节来练习单词的书写；从第 6 单元和第 7 单元开始，学生要练习书写词组。下册时，学生利用每单元第 3 课的“Let's copy”环节尝试书写句子。书写单词时，单词中的字母必须要大小一致，字母之间的距离也要一样，而且比例要合适，整个单词看起来才会规范、美观，这对于四年级的学生来说并不容易。单词又是句子的重要组成部分，只有单词写好了，句子的书写才会比较流畅，因此，让学生正确掌握单词的书写方法并能规范书写是本学年的重点。

（三）学情分析

通过三年级一年的书写练习，学生已经学会在四线格中书写 26 个字母的大小

写。通过实践，按照评价标准来操作，字母书写不够规范的同学有了明确的指导；在互评、互帮、互学中，每一个同学的书写都有了很大的进步，这也为四年级学生书写单词和词组打下了良好的基础。但是，三年级的学生在书写字母时存在比例掌握不好的问题，如何让学生理解并掌握好比例，是四年级书写教学的重点。

二、学年目标

1. 认识字母的印刷体与手写体的不同，正确辨认并规范书写单词。
2. 通过模仿范例仿写句子。

三、课程内容

学习内容	课程内容安排	课时安排
认识字母的印刷体与手写体的不同，正确辨认并规范书写单词	四年级上学期	第 1 单元　1 课时 第 2 单元　1 课时 第 3 单元　1 课时 第 4 单元　1 课时 第 5 单元　1 课时
通过模仿范例，正确、规范地书写词组	四年级上学期	第 6 单元　1 课时 第 7 单元　1 课时
通过模仿范例仿写句子	四年级下学期	第 1 单元　1 课时 第 2 单元　1 课时 第 3 单元　1 课时 第 4 单元　1 课时 第 5 单元　1 课时 第 6 单元　1 课时

四、课程实施建议

（一）课程资源

1. 义务教育教科书《英语》四年级上、下册，山东科学技术出版社出版。
2. 英语字帖：《英语课课练》四年级上、下册。
3. 四线三格教具、课件、多媒体设备。

（二）实施建议

1．利用教材每单元的“Let's copy”环节学习单词和词组的书写。

2．利用英语字帖进行摹写、仿写练习，达到书写正确、规范的要求。

3．通过课件、多媒体设备呈现字母的印刷体与手写体的不同，让学生正确辨认并规范书写单词。

五、课程评价

（一）评价指标

四年级英语书写的评价内容以正确书写单词和词组为主，评价方式分为过程性评价和终结性评价。过程性评价旨在提高学生的书写水平，不计入总成绩。终结性评价以书面为主，评价办法是让学生在规定的时间内抄写给出材料中的单词和词组，根据学生的书写情况分为 A、B、C 三个评价等次。

1．过程性评价：以学生自评为主，在学生练习了一段时间后给学生一个评价任务，在互评中自我提高。

评价任务目标：正确、规范地书写单词（词组）。

任务情景：经过一段时间的书写练习，给出两位同学的书写作业：一个是写得非常好的同学的作业，一个是写得不太好的同学的作业。

任务描述与活动过程：请同学们对比、观察这两位同学的作业，找出作业中写得好的地方以及写得不好的地方，并说明理由。让学生用自己的语言来进行描述，并请其他同学记录评判标准及标准制定者。

活动成果：请书写标准制定者作为评判全部同学书写是否达标的监督员，定期对全班同学的书写作业进行评价，并用表格的形式记录下来。这样同学们就会非常清晰地知道自己哪条做得还不够好，也便于老师和同学们有针对性地提供帮助，大家共同达成目标。

2．终结性评价：

评价等次		A	B	C
评价标准	目标 1（正确书写 26 个字母的大小写）	①能按照正确的比例书写 26 个字母的大小写。 ②每个字母都能够稍向右倾斜，斜度要一致，约为 5°。	①能按照正确的比例书写 20 个字母的大小写。 ②大部分字母的大小写都能够做到斜度一致。	①能按照正确的比例书写 15 个字母的大小写。 ②每个字母的书写都有倾斜的意识。

（续表）

<table>
<tr><th colspan="2">评价等次</th><th>A</th><th>B</th><th>C</th></tr>
<tr><td rowspan="3">评价标准</td><td>目标2（认识字母的印刷体与手写体的不同，正确辨认并规范书写单词）</td><td>①能把印刷体的单词中的字母书写成正确、规范的手写体，书写体与印刷体有区别的字母是：大写字母 I，L，小写字母 i，f，k，l，y。
②单词中，每个字母的大小要一致。
③书写单词时，单词中的字母都稍微向右倾斜，斜度一致，约为5°。
④书写单词时，每个字母的距离、比例合适。
⑤书写单词时，单词中的字母不能改动。</td><td>①能把印刷体的单词中的小写字母书写成正确、规范的手写体，小写字母中书写体与印刷体有区别的字母是 i，f，k，l，y。
②单词中，大多数的字母大小能够一致。
③书写单词时，单词中的字母大部分都能够稍微向右倾斜，斜度一致。
④书写单词时，大多数字母之间的距离、比例合适。</td><td>①除去小写字母 i，f，k，l，y，能把印刷体单词中其他的小写字母书写成正确的手写体。
②单词中，部分字母的大小能够一致。
③书写单词时，单词中的字母部分能够稍微向右倾斜。</td></tr>
<tr><td>目标3（通过模仿范例，正确、规范地书写词组）</td><td>①书写词组时，单词与单词之间的间距以1—2个字母为宜，且间距相等。
②书写词组时，不同单词之间的字母大小一致。</td><td>①书写词组时，单词与单词之间的间距相等。
②书写词组时，不同单词之间的字母基本一致。</td><td>书写词组时，单词与单词之间有间距。</td></tr>
<tr><td>目标4（通过模仿范例仿写句子）</td><td colspan="3">此目标不作为本年级检测内容</td></tr>
</table>

（二）评价结果处理

学年书写评价为 A、B、C，书写成绩是 B、C 的同学可以利用假期参照 A 的标准逐条进行练习，争取在新学期开学时自己的书写有一个大的进步。

12 五年级英语书写课程纲要

课程名称：小学英语
课程类型：必修课程
教学材料：山东科学技术出版社义务教育教科书《英语》五年级上、下册
课时总数：13 课时
授课对象：五年级学生

一、背景分析

（一）课标分析

《课程标准》对本学年的学习要求：1. 能模仿范例写词句。（语言技能一级目标：读写）2. 能正确地使用大小写字母和常用的标点符号。（语言技能二级目标：写）

（二）教材分析

本学年从上册开始，通过每单元第 3 课中的“Let's copy”环节让学生学习句子的书写，句子的首字母需要大写和标点符号的正确书写是本学年的重点。在教学时，需要特别讲解手写体和印刷体的不同，而英文标点符号中的句号和中文的句号不同，是学生容易混淆的地方。

（三）学情分析

学生通过四年级一年的练习，已经能够正确书写单词和词组，并开始尝试书写句子。本学年，学生需要在正确书写单词的基础上，规范地书写单词与词组。很多同学书写单词时，字母大小不一样，距离有近有远，字母的倾斜度不一致，导致整个单词写起来不规范，因此，教师需要多让学生练习，这样学生在书写句子时才能

够少走弯路，效率更高。

二、学年目标

1. 通过仿写范例，正确、规范地书写句子。

2. 通过观察、分析文本句子结构，在句子中正确使用字母的大小写形式，书写6个标点符号（句号、逗号、问号、感叹号、冒号、撇号）。

三、课程内容

学习内容	课程内容安排	课时安排
1. 通过仿写范例，正确、规范地书写句子。 2. 通过观察、分析文本句子结构，在句子中正确使用字母的大小写形式，书写6个标点符号（句号、逗号、问号、感叹号、冒号、撇号）。	五年级上、下学期	每单元安排1课时（上册7个单元，下册6个单元）

四、课程实施建议

（一）课程资源

1. 义务教育教科书《英语》五年级上、下册，山东科学技术出版社出版。

2. 英语字帖：《英语课课练》五年级上、下册。

3. 四线三格教具、课件、多媒体设备。

（二）实施建议

1. 利用教材每单元的“Let's copy”环节学习句子以及6个标点符号的书写。

2. 利用英语字帖进行摹写、仿写练习，达到书写正确、规范的要求。

3. 通过四线三格给学生示范标点符号的正确书写形式，通过课件、多媒体设备呈现句子首字母的书写原则，让学生正确、规范地书写句子。

五、课程评价

（一）评价指标

五年级英语书写的评价内容以正确、规范地书写句子为主，评价方式分为过程性评价和终结性评价。过程性评价旨在提高学生的书写水平，不计入总成绩。终结性评价以书面为主，评价办法是让学生在规定的时间内抄写给出材料中的句子，根据学生的书写情况分为 A、B、C 三个评价等次。

1．过程性评价：以学生自评为主，在学生练习了一段时间后给学生一个评价任务，在互评中自我提高。

评价任务目标：正确、规范地书写句子。

任务情景：经过一段时间的书写练习，给出两位同学的书写作业，一个是写得非常好的同学的作业，一个是写得不太好的同学的作业。

任务描述与活动过程：请同学们对比、观察这两位同学的作业，找出作业中写得好的地方以及写得不好的地方，并说明理由。让学生用自己的语言来进行描述，并请其他同学记录评判标准及标准制定者。

活动成果：请书写标准制定者作为评判全部同学书写是否达标的监督员，定期对全班同学的书写作业进行评价，并用表格的形式记录下来。这样同学们就会非常清晰地知道自己哪条做得还不够好，也便于老师和同学们有针对性地提供帮助，大家共同达成目标。

2．终结性评价：

<table>
<tr><th colspan="2">评价等次</th><th>A</th><th>B</th><th>C</th></tr>
<tr><td rowspan="2">评价标准</td><td>目标 1（通过仿写范例，正确、规范地书写句子）</td><td>①书写句子时，句子中每个单词之间的间距要一致，以 1—2 个字母的间距为宜，不能大于 2 个字母的距离。
②在抄写句子时遇到移行，单词不能折开书写。</td><td>书写句子时，句子中每个单词之间间距相等。</td><td>书写句子时，句子中每个单词之间有间距。</td></tr>
<tr><td>目标 2（通过观察、分析文本句子结构，在句子中正确使用字母的大小写形式，书写 6 个标点符号）</td><td>①书写句子时，能正确、规范地书写句首字母。
②正确、规范地在正确的占格位置书写 6 个标点符号。</td><td>①书写句子时，基本做到首字母大写。
②能在相应的格子中书写 6 个标点符号。</td><td>①书写句子时，有首字母大写的意识。
②能够书写 6 个标点符号。</td></tr>
</table>

（二）评价结果处理

学年书写评价为 A、B、C，书写成绩是 B、C 的同学可以利用假期参照 A 的标准逐条进行练习，争取在新学期开学时自己的书写有一个大的进步。

13 五年级音乐上学期课程纲要

课程名称：小学音乐
课程类型：必修课程
教学材料：人民音乐出版社《音乐》五年级上册
授课时间：40 课时
授课对象：五年级学生

一、背景分析

（一）课标分析

通过大量地聆听、演唱和欣赏音乐作品，提高学生综合欣赏音乐的能力，培养学生融会贯通、举一反三的能力。通过反复分析、对比各种形式、各类体裁的音乐作品，提高学生学习、听辨、分析、整合音乐要素的能力。演唱中，要特别注意变声期嗓音的保护和相应的歌唱方法的学习。注意加强合唱的学习，减少独唱的训练。

（二）教材分析

五年级上册一共有 7 个单元，主要包括认识、听辨萨克斯、小提琴等西洋乐器，聆听、欣赏古筝、马头琴等中国民族乐器；演唱形式有独唱、齐唱与合唱；体裁涉及流行音乐、戏曲、民歌、童谣；音乐知识有 6/8 拍、3/4 拍、4/4 拍等音乐节拍及指挥图示；听辨人声分类中男低音的音色；竖笛演奏除了基本音符和 F 大调以外，增加 D 大调的学习。

（三）学情分析

五年级学生已经掌握了分辨民族乐器（曲）和西洋乐器（曲）的基本方法，并且能够听辨男高音、女高音、男中音、童声的演唱形式，掌握了六孔竖笛 1 = F 的基本指法和简单演奏方法。在歌唱方面，已经能够区别喊唱与正确演唱的方法的区别；能够较好地进行合作、互动学习。五年级上学期，学生要在以前的基础上学会听辨乐器的种类，学习变声期间的演唱方法和竖笛 D 大调的演奏方法。

二、学期目标

1. 能够在感受与欣赏的过程中，发现、听辨、模仿 10 种民族乐器和西洋乐器；聆听民族歌曲及戏曲，体验其不同的风格，培养学习兴趣。

2. 能够在演唱（演奏）活动中，初步懂得嗓音保护和器乐演奏的方法，积极参与音乐表现活动，培养良好的识谱能力和唱歌习惯，能对自己和他人的演唱（演奏）做准确的评价。

3. 能够运用人声、乐器声及其他声音材料表现自然界或生活中的声音。能自制多种简易乐器，为简单的电影片段配乐。

4. 能够积极参与各类音乐表现活动，主动与同学进行音乐交流，关注生活中的音乐，学会从老师给出的资源中选择合适的背景音乐配乐。

三、课程实施建议

（一）课程资源

1. 教材：根据目标和学生的实际情况，对教材内容进行归类整合。

2. 补充教材：根据学习需要，利用音频、视频网站，搜集相应的资料，打印成稿，学期末整理成册。

3. 其他社会资源：根据实践活动的内容和学习目标，收集社会资源，比如博物馆、教育基地、乐器厂、演唱（奏）会等。

（二）实施建议

1. 感受与欣赏：

（1）通过网上查阅资料，了解曲作者此阶段的生活背景、社会背景，然后对比分析风格相近或差异较大的作品，分析作者不同时期的音乐作品，提升自己的音乐欣赏能力。

（2）积极参加课上的编排环节，积极展示自我，加强同学之间的交流合作。

（3）在日常生活中欣赏、实践不同风格的作品，并在自学活动中不断提升自己的情感态度和价值观。

2．表现：

（1）根据教师的范唱，准确掌握正确的演唱方法（姿势、发音），具备良好的歌唱状态（音色、位置、气息）。

（2）通过聆听和示范学习歌唱（演奏）的技能、技巧，学会正确、自信、有表情地歌唱。

（3）通过分析音乐要素，在聆听、演唱、演奏不同类型的作品的过程中，体会歌曲要表现的内容及艺术情感，代入情感进行演唱（演奏）。

（4）大量演唱课本中提供的作品，并根据学情发展的需要，适当补充合适的作品，以全体参与的合唱作品优先。

3．创造：

（1）自我创造意识很关键，要在学习过程中主动发现、积极探索，可以寻求教师和同学的帮助。

（2）创造的内容、方式都可以按照自己的想法决定，但是一定要符合创造规律，确保安全。

（3）学期结束时，要有1—2个作品呈现。

4．音乐与相关文化：

（1）要善于发现音乐作品背后的相关文化，比如历史背景、风土人情、作者的创作过程等，可以通过网络、书籍、咨询等方式查找答案。

（2）学会构建系统的知识体系，发现学习脉络和学科内容的关联，总结相关知识内容，提升自己的综合艺术素养。

四、课程评价

（一）评价指标

评价指标包括过程性评价（50分）和终结性评价（50分）两部分。

1. 过程性评价：

类别	标准及分值
感受与欣赏（30 分）	1. 感受情绪变化并能用语言描述出来。（5 分） 2. 能够区分段落、听辨音乐主题，能用音乐语言进行情绪描述。（10 分） 3. 能够进行简单的作品分析并表达自己独特的见解。（15 分）
表现（40 分）	1. 准确、流畅地演唱、演奏、表演。（10 分） 2. 有感情地演唱。（15 分） 3. 将自身的感情代入表演，有感情地演唱且背唱歌曲。（15 分）
创造（20 分）	1. 认识并指出节奏型及音乐记号。（5 分） 2. 运用知识进行节奏、曲子的创编。（15 分）
相关文化（10 分）	1. 学习过程中，有意识地注意联系相关文化。（5 分） 2. 能综合运用其他学科的知识解决问题。（5 分）

满分 100 分，折合相应分数计入。

2. 终结性评价：

形式	内容	分值
试卷	客观性评价	15 分
技能测试	演唱与演奏	40 分
创造	上交作品	15 分
其他	平时阶段性评价结果	30 分

满分 100 分，折合相应分数计入。

（二）评价结果处理

以上两项内容以百分制计算，90 分及 90 分以上为优秀，80—89 分为良好，60—79 分为合格，60 分以下为不合格。

教案：朝夕

内容来源：人音版五四学制小学《音乐》教材五年级上册第1单元

课　　时：本单元共3课时，第1课时

授课班级：五年级6班

课标条目：

1. 能够在感受与欣赏活动的过程中，发现、听辨、模仿10种民族乐器和西洋乐器；聆听民族歌曲及戏曲，体验其不同的风格，培养学习兴趣。
2. 能够在演唱（演奏）活动中，初步懂得嗓音保护和器乐演奏的方法，积极参与音乐表现活动，培养良好的识谱能力和唱歌习惯，能对自己和他人的演唱（演奏）作准确的评价。
3. 能够运用人声、乐器声及其他声音材料表现自然界或生活中的声音。能自制多种简易乐器，为简单的电影片段配乐。
4. 能够积极参与各类音乐表现活动，主动与同学进行音乐交流，关注生活中的音乐，学会从老师给出的资源中选择合适的背景音乐配乐。

教学目标：

1. 能用轻快、明亮的声音演唱《清晨》。
2. 学习反复记号“*fine*”“D. C.”的用法。

评价任务：

1. 默写两遍反复记号。
2. 背唱歌曲《清晨》。
3. 说出《晨景》的作者，能哼唱主题旋律。

教学板块	教学过程
导入	一日之计在于晨，一段美好的早晨时光，总能带给我们愉悦的心情和美好的期望。
活动一 （音乐基本技能训练）	学习歌曲《清晨》。 1. 发声练习。 2. 视唱。 （1）音节的上行和下行。 （2）音阶构唱：1 – 2 – | 1 – 3 – | 1 – 4 – | 1 – 5 – | 1 – 6 – | 1 – 7 – | 1 – 1 – | 1 – | 1 – 7 – | 1 – 6 – | 1 – 5 – | 1 – 4 – | 1 – 3 – | 1 – 2 – | 1 – 1 – | 1 – |

（续表）

教学板块	教学过程
活动二 （唱歌教学）	1. 聆听歌曲，感受音乐的速度、情绪，说说用什么样的声音演唱才合适。 2. 聆听并模唱歌谱，注意观察反复记号的用法。 3. 跟随钢琴伴奏，将歌谱视唱一遍，有难点的地方重点教唱。 4. 默读歌词，想一想，应该在哪些地方换气？标注换气记号。 5. 演唱歌词。其中，要提示情感的渗透，结合速度、力度记号，把歌曲的情绪表达掌握好。 6. 个别检查，先让演唱、表现力都比较好的学生展示，起到示范作用，再找一个表现不太好的学生展示，让学生在学会欣赏的同时学会评价。 7. 通过齐唱、小组演唱、同桌演唱等各种形式的比赛，加强学生相互学习、相互欣赏的团结协作能力。
活动三 （欣赏教学）	1. 聆听管弦乐《晨景》，设问：这首音乐作品的演奏形式和演奏乐器分别是什么？（培养学生聆听后的分析习惯） 2. 再次聆听，用手势或线条画出作品的旋律线条。 3. 根据音乐主题旋律和各种乐器出现的顺序，哼唱音乐主题，并记住重点乐器（长笛、双簧管、圆号等）的音色。 4. 给每一个音乐主题取一个合适的名字，概括体现音乐内容。 5. 再次聆听全曲。
小结	歌曲的演唱教学完成得比较好，学生的学习兴趣和学习效率比较高。 评价任务制定得相对简单，学生的正确率达到了 95% 以上，下一节课再制定评价任务时，可以适当提高难度。 下一步，应加强对比聆听。

14　一年级美术上学期课程纲要

课程名称：小学美术
课程类型：必修课程
教学材料：人民美术出版社《美术》一年级上册
课时总数：36 课时
授课对象：一年级学生

一、背景分析

（一）课标分析

【造型·表现】尝试不同工具，用纸以及身边容易找到的各种媒材，通过看看、画画、做做等方法大胆、自由地把所见所闻、所感所想表现出来，体验造型活动的乐趣。

【设计·应用】观察身边的用品，初步了解形状与用途的关系。尝试不同的工具，用身边容易找到的各种媒材，进行简单组合和装饰，体验设计和制作活动的乐趣。

【欣赏·评述】观赏自然景物和学生感兴趣的美术作品，用简短的话语大胆表达感受。

【综合·探索】采用造型游戏的方式，或以造型游戏与语文、音乐等学科内容相结合的方式，进行无主题或有主题的想象、创作和展示。

（二）教材分析

本册教材以促成学生的美术兴趣为核心，以探究合作交流式美术实践为教与学的主线，让学生通过看、想、做、演的方式进行各种尝试，充分激发乐趣，重视学生的生活体验与视觉经验，强调创新思维的发展，教学内容偏重趣味性和活动性。

（三）学情分析

对于一年级的新生来说，美术课是有趣而新奇的。一年级的小朋友还没有完全养成课堂常规，注意力不易集中，而且新生在入学前接受的教育程度不同，心理因素也不一样。与此同时，他们又在绘画、工艺制作上具有这一年龄阶段特有的创造性思维、想象能力及独特个性，并且有着很大的发展空间。老师要善于把握机会，激发孩子们对美术的学习兴趣。

二、学期目标

依据《课程标准》的相关要求，遵循一年级学生的认知特点和心理特点，确定如下教学目标：

1. 通过看作品、观察身边的事物和景物，尝试运用油画棒、彩笔、卡纸、彩纸、胶棒、剪刀、纸盒等多种工具材料，在老师的指导下动手去描绘、拼贴、制作，大胆地表现自己的所看所想。

2. 观察身边的物品，了解它们的形状、色彩、尺寸、材料、用途。利用卡纸、彩纸、废旧报纸纸盒等不同的媒材，用画、撕、剪、贴的方法进行简单的组合与装饰，激发制作的兴趣。

3. 通过欣赏花饽饽、剪纸以及学生感兴趣的卡通形象的图片、视频、文字，初步认识外形、色彩的特点，以讨论交流、展评的方式用简短的话语表达自己的看法。

4. 用图片、美食模型、学生作品、角色扮演来创设美食节的情境，结合饮食文化与生活，利用彩纸、彩泥、剪刀、纸餐具等工具制作自己喜欢的美食。

三、课程实施建议

（一）课程资源

1. 教材：义务教育教科书《美术》一年级上册，人民美术出版社出版。

2.《中国小学教学百科全书》，沈阳出版社出版。

3. 教具：《课程标准》、课程纲要、参考教参书、教案、课件、多媒体教学设备和教学系统。

4. 网络资源：百度图片、百度视频等。

5. 人文资源：画展、创意活动、周村民俗、丝绸印染、花灯芯子、周村古商城等。

（二）实施建议

1. 造型表现领域的基本步骤：欣赏、观察，选择媒材工具，构图、绘画、拼贴，收拾。设计应用领域：观察形状、颜色，了解浅显的文化，学习基本技法，想象创作。欣赏评述领域：初步认识艺术表现形式，观察造型、色彩、材质，表达。综合探索领域：了解相关文化，合作交流，解决问题。

2. 基本的学习方式：自主探究和小组合作学习相结合。学生在老师的指导下开展自主探究学习、小组合作学习。学习过程中，以 4—6 人为一个小组，开展观察、练习、讨论等学习活动，独立或分工合作完成学习任务。

四、课程评价

（一）评价指标

学生的学期成绩以等级方式呈现，并由课堂表现评价（30 分）、实践性作业评价（30 分）、期末评价（40 分）三部分构成。

1. 课堂表现评价：

评价题项	目标指向	评分等级		
		很好（10 分）	一般（6—7 分）	不太满意（3—4 分）
美术用具配备齐全	态度			
积极发言，敢于说出自己的想法	态度			
有小组合作意识，分工运用所学知识、技能，共同完成作品	合作			

2. 实践性作业评价：

评价题项	目标指向	评分等级		
		很好（10 分）	一般（6—7 分）	不太满意（3—4 分）
尝试运用多种媒材	感受			
合理构图	设计			
大胆运用线条、丰富的色彩表现自己的想法，独立或者合作完成作品	表达			
评价方式	学生自评、学生互评、教师评价等多种形式			

3. 期末评价：

评价题项	评分等级		
	很好（20 分）	一般（12—14 分）	不太满意（6—8 分）
根据本学期所学知识绘制一幅绘画作品，考查学生是否能做到色彩鲜艳、内容丰富			
根据本学期所学知识制作一件手工作品，考查学生是否能做到合理使用材料、工具，作品制作是否完整			
评价方式	教师评价		

（二）评价结果处理

85 分及 85 分以上为优秀，75—84 分良好，60—74 分为合格，60 分以下为不合格，需努力。

教案1：看谁涂得更好看

内容来源：人美版五四学制小学《美术》教材一年级上册第2课

课　　时：本课共1课时，第1课时

授课班级：一年级6班

课标条目：尝试使用不同工具，用纸以及容易找到的各种媒材，通过看看、画画、做做等方法大胆、自由地表现所见所闻、所感所想，体验造型活动的乐趣。

教学目标：

1. 能说出常用的8种颜色的名称。
2. 通过小实验观察水彩笔与油画棒的涂色效果，并尝试说出它们的基本特点。
3. 学习范画的涂色方法，尝试用油画棒、水彩笔，运用点、线、面等不同的涂色方法画一幅有美感的作品。

评价任务：

1. 说出旅行中看到的颜色的名称。（检测目标1）
2. 通过小实验观察，水彩笔在餐巾纸上发生了什么变化？与油画棒的涂色效果有什么不同？（检测目标2）
3. 欣赏范画，感受涂色效果，并说说它们的颜色是怎样涂的。（检测目标3）

教学板块	教学过程
导入	教师：同学们，现在是夏末秋初的季节，这个季节有着大自然最丰富的颜色。天气这么晴朗，你们想不想跟老师一起去旅行，一起看看这些美丽的颜色？
活动一（认识颜色）	教师播放课件，学生感受欣赏，学习8种颜色。说出颜色名称：大红、橘红、草绿、翠绿、群青、湖蓝、柠檬黄、玫瑰红。
活动二（分辨特点，体会不同）	教师：今天我们就用这些颜色给旅行图增添一些美丽的色彩。看谁涂得更好看。老师这里有两片叶子，你能分辨哪片是水彩笔涂的，哪片是油画棒涂的吗？水彩笔和油画棒的涂色效果有什么特点？我们来做个小实验。 教师总结：水彩笔是水性的，在某些纸上颜色能够晕染开，涂色时用笔要轻；油画棒是固体的，要用力涂才能画出鲜亮的颜色。

（续表）

教学板块	教学过程
活动三 （欣赏感受，启发创新）	1. 老师这样涂好看吗？为什么？ 2. 怎样涂好看？请伸出手跟我一起做，顺着方向一笔一笔排线，从左到右，从上到下。 总结：这种单色平铺的方法叫“平涂”。 3. 这片叶子的颜色又是怎样涂的呢？（播放微课） 总结：这种颜色叠加的涂色方法叫“混色”。 4. 你还能想到别的涂色方法吗？（范画欣赏） 总结：（1）相邻色块尽量不要涂相同的颜色，颜色要有深浅、种类的变化。（2）涂色均匀，不涂出轮廓线。
活动四 （实践创作）	实践要求： 1. 尝试运用平涂、混色的方法给旅行图涂色。 2. 不同色块间颜色有变化，涂色均匀，不涂出轮廓线。 小建议：水彩笔用完要及时盖好笔帽。笔每次用完要放回原来的位置。
小结 （展评）	1. 自评：引导学生展示自己的绘画作品，并交流绘画体验。 2. 互评 ：说说你喜欢哪幅作品，并说明理由。

教案2：画汽车

内容来源：人美版五四学制小学《美术》教材一年级上册第5课

课　　时：本课共1课时，第1课时

授课班级：一年级6班

课标条目：尝试使用不同工具，用纸以及容易找到的各种媒材，通过看看、画画、做做等方法大胆、自由地表现所见所闻、所感所想，体验造型活动的乐趣。

教学目标：

1. 了解汽车的种类、功能及各部分的基本特点，会用基本形概括。
2. 说出新型汽车与普通汽车的不同之处。

评价任务：

1. 观看图片，根据汽车的用途对汽车进行分类。（检测目标1）
2. 观察汽车实物模型，小组讨论，说一说汽车由哪几部分组成，可以用什么形状画出来。（检测目标1）
3. 欣赏范画，说说图片中的汽车造型与一般的汽车有什么不同。（检测目标3）

教学板块	教学过程
导入	1. 创设情境。 导入新课：播放汽车鸣笛的声音。 提问：听，这是什么声音？ 你喜欢汽车吗？喜欢什么样的汽车？它有什么功能？ 2. 通过课件，了解汽车功能和种类。 （1）交通代步工具车。 （2）生产工具车。 （3）体育比赛用车。 出示课题——画汽车。
活动一 （了解结构，概括形体）	了解汽车外形的基本特点：请以小组为单位，观察玩具教具及汽车图片；研究汽车的外部主要是由哪几部分组成的，可以用什么基本形来概括。 课件：将汽车各部分与相关文字连线。

（续表）

教学板块	教学过程
活动二 （激发想象， 引导创新）	1. 引导创新。 随着科技发展，新型的汽车越来越多。（课件展示）从外形看，它们有哪些相同和不同的地方？你有什么好的创意？你能设计一辆新型汽车吗？ 2. 范画欣赏。 老师这里有几幅小朋友的作品，我们来看看他们的设计。 师：你喜欢哪幅作品？为什么？
活动三 （范画示范）	教师在实物投影仪上示范一种自己心中的新型汽车，强调如何体现出功能特点。
小结 （展评）	组织学生小结、评价。评价标准： 1. 画面是否饱满，汽车特点是否突出？ 2. 是否有创意？ 3. 做画时是否踏实认真？ 展示几幅学生用其他方法表现的汽车作品，引导学生进一步学习。

教案3：剪剪撕撕贴贴画画

内容来源： 人美版五四学制小学《美术》教材一年级上册第10课

课　　时： 本课共1课时，第1课时

授课班级： 一年级6班

课标条目： 尝试使用不同工具，用纸以及容易找到的各种媒材，通过看看、画画、做做等方法大胆、自由地表现所见所闻、所感所想，体验造型活动的乐趣。

教学目标：

1. 辨别深浅色，小组合作，讨论、探究背景与画面形象的颜色搭配，选出能够使画面形象鲜明的深浅配色。
2. 尝试用“撕”“贴”的方式表现物象。
3. 学习“添画”，完善画面。

评价任务：

1. 观察小兔子的背景变化，回答小兔子要藏在哪块背景颜色里，并说明理由。(感受颜色深浅变化带来的画面效果，检测目标1)
2. 根据自己撕出的兔子耳朵部分，选出能形成鲜明画面效果的深浅色作为背景色和主体物颜色。(检测目标2)
3. 根据自己撕出的兔子形象编一个故事，为小兔子添画适当的背景。(检测目标3)

教学板块	教学过程
导入	出示教具作品： 1. 小白兔藏在哪里最容易被大灰狼找到？为什么？ 2. 你觉得哪些颜色深，哪些颜色浅？ 3. 这幅作品是用什么方法做的？
活动一 （深浅配色）	在教师的引导描述下，欣赏马蒂斯的画，回答： 1. 哪张画更好看？ 2. 两张画里的马车有什么不同？ 3. 哪张画给你对比鲜明的感觉？

（续表）

教学板块	教学过程
活动二 （撕、贴）	1. 抓特征。 说出小白兔的特点。 2. 练技能。 练习用撕的方式表现小白兔。以小组为单位，一起出主意，分工合作，看哪组最快。要求： （1）表现出小白兔的特点。 （2）不要浪费纸张，及时整理纸屑，保持地面干净。 教师点评，请获胜组分享经验并找撕得好的组展示。教师示范撕的方法。 3. 以小组为单位，为小白兔选一个对比鲜明的背景。到黑板前展示，对比、评选出好的背景。
活动三 （学习添画）	你们做得真棒，我这里还有些其他班级的小朋友的画，大家想看吗？课件展示，引导学生有意图地进行添画。 实践要求： 1. 画面色彩对比鲜明，主体形象突出。 2. 根据自编的小白兔与大灰狼的故事添画细节，完善画面。
小结 （展评）	1. 小组互评，说说你学到了什么。 2. 教师评价每个小组的特点。

15　二年级美术上学期课程纲要

课程名称：小学美术
课程类型：必修课程
教学材料：人民美术出版社义务教育教科书《美术》二年级上册
授课时间：32 课时
授课对象：二年级学生

一、背景分析

（一）课标分析

【造型·表现】初步认识形、色与肌理等美术语言，学习使用各种工具，体验不同媒材的效果，通过看看、画画、做做等方法表现所见所闻、所感所想，激发丰富的想象力与创造愿望。

【设计·应用】学习对比与和谐、对称与均衡等组合原理，了解一些简易的创意和手工制作的方法，进行简单的设计和装饰，感受设计制作与其他美术活动的区别。

【欣赏·评述】观赏自然和各种美术作品的形、色与质感，能用口头或书面语言对欣赏对象进行描述，说出其特色，表达自己的感受。

【综合·探索】采用造型游戏的方式，结合语文、音乐等课程内容，进行美术创作、表演和展示，并发表自己的创作意图。

（二）教材分析

本册教材以丰富多彩的美术活动为主线，以由浅入深的基础知识和基本技能内容为副线，主线、副线密切关联，穿插并行。教材的主要内容包括色彩知识、线条的游戏、橡皮泥塑、绘画、手工制作、纸玩具、实用设计、电脑美术、欣赏等，旨在强化学生学习美术的兴趣，在继承中华民族悠久历史和美术文化传统的基础上引导学生充分体会社会的进步与多元化的美术发展方向。目标：观赏各类美术作品的形与色，引导学生用简单的话语大胆地表达自己的感受；启发学生感受并表现生活中的美好事物，从中体验生活的乐趣；帮助学生认识、使用常用色和点、线、面，了解基本美术语言的表达方式和方法；培养学生表达自己感受或意愿的能力，发展学生的空间知觉能力、形象记忆能力和创造能力。

（三）学情分析

二年级的学生有浓厚的绘画兴趣，在美术的造型、技能和习惯方面都有所学习，但还需加强仔细观察、细致表现、想象、动手制作的能力，进行完整的画面构思和表现。本册教材分“造型·表现”“设计·应用”“欣赏·评述”“综合·探索”四个方面，具体有绘画、泥塑、剪纸、手工、欣赏。课程由偏重美术知识技能的传授转向关注学生整体人格的发展，强调在有趣的美术活动中培养学生的创造能力和观察能力。在教学中，要突出趣味性、游戏性，注重学生在学习过程中的参与性，并以学生为主，体现探究性、体验性、反思性的理解和学习过程。随着年级的增长和人文内涵的不断丰富与拓展，学生会自然地领会“美术是人类文化的造型载体，是人文精神的体现”。

二、学期目标

1. 通过观察、认识与了解线条、物体的前后关系、人物的表情、色彩、肌理等基本元素，结合铅笔、水彩笔、油画棒等工具材料，表现各种不同的造型。

2. 通过照片、视频等形式，了解相关知识，并运用绘画、制作的方法，发挥想象力，利用树叶、卡纸、褶皱纸、小手套等工具、材料，进行趣味造型表现活动。通过看看、画画等方法表现所见所闻、所感所想，激发丰富的想象力与创造愿望，进一步培养观察力、创造力和表现力。

3. 使用形状各异、纹理独特的树叶、树皮等进行拼贴、组合，用拓印的方法完成一幅版画，进一步培养创造力和表现力。

4. 利用橡皮泥、太空泥、陶泥等易于加工的媒材，运用粘贴、塑造等方法，进行有意图的造型活动；通过看看、做做等方法培养观察力、创造力和表现力。

5. 能够通过观察和分析生活中的小扇子、钟表、杯子的外形、色彩、材料、用途等方面，表达自己的感受；能够根据物品的用途，提出自己的设计构想，了解一些简单的创意和手工制作的方法，进行简单的设计和装饰，感受设计与其他美术活动的区别。

三、课程实施建议

（一）课程资源

1. 基本资源：课件、工具、范作、美术教材。
2. 场地资源：美术博物馆、美术教室。
3. 人文资源：画展、创意活动等。

（二）实施建议

1. 美术探究活动的基本步骤：搜集素材，观察，构思创意，使用工具，创作实践，提出问题，解决问题，表达与交流。

2. 基本的学习方式：自主探究和小组合作学习相结合。学生在老师的指导下开展自主探究学习、小组合作学习。学习过程中，以 4—6 人为一个小组，开展观察、想象、创作等学习活动，分工合作，共同完成学习任务。

3. 具体的任务：

【造型 · 表现】了解线条的应用，大小、高低关系呈现的空间表现方法，物体间的前后关系，并运用线条表现雨中的景象；观察人物的表情并进行深入刻画；利用树叶的形状和纹理，拼贴、组合成形象，用拓印的方法完成一幅版画；学习对印的艺术表现方法；运用绘画、制作的方法创造性地设计、制作新颖的团花。

【设计 · 应用】运用夸张变形、色彩鲜艳的表现方法；利用杯子的基本设计方法进行设计；进行活动人物、动物形象的设计制作；玩具制作。

【欣赏 · 评述】欣赏符合学生认知水平的中国民间风俗，用语言或文字等多种形式描述作品，表达感受与认识。

【综合 · 探索】采用造型游戏的方式，结合语文、音乐等学科内容，进行美术创作与展示，并发表创作意图。

四、课程评价

（一）评价指标

评价指标包括过程性评价（70 分）和终结性评价（30 分）两部分。

1. 过程性评价：

过程性评价包括课堂表现评价（40 分）和实践性作业评价（30 分）两部分。

（1）课堂表现评价：

评价项目	目标指向	评分等级		
		很好（10 分）	一般（6—7 分）	不太满意（3—4 分）
美术用具配备齐全	态度			
勇于发言，善于发现，有自己独特的见解	态度			
善于合作，能运用知识技能实现活动目标	合作			
有深厚的兴趣学习美术课程，积极主动地参与课堂活动，注意力集中	兴趣			
评价方式	各小组组长做好对小组成员的课堂表现情况的记录，评价采用学生互评、教师评价等多种形式			

（2）实践性作业评价：

评价项目	目标指向	评分等级		
		很好（10 分）	一般（6—7 分）	不太满意（3—4 分）
色彩鲜艳	感受			
大胆表现与想象	设计			
能够独立或合作完成作品的创作，并大胆参与课堂作品的评价	表达			
评价方式	学生自评、学生互评、教师评价等多种形式			

2．终结性评价：

评价项目	评分等级		
	很好（15 分）	一般（9—10 分）	不太满意（5—6 分）
根据本学期所学知识绘制一幅绘画作品。考查学生是否能做到画面干净、构图饱满、色彩鲜艳、内容丰富，整幅画面是否充满想象力			
根据本学期所学知识制作一件手工作品。考查学生是否能做到合理使用材料、工具，作品制作是否完整，是否具有创新性，是否充满想象力			
评价方式	教师评价		

（二）评价结果处理

优秀（85 分以上）、良好（75—85 分）、合格（60—74 分）、需努力（60 分以下）。

教案1：杯子的设计

内容来源： 人美版五四学制小学《美术》教材二年级上册第10课

课　　时： 本课共1课时，第1课时

授课班级： 二年级3班

课标条目： 观察身边的用品，初步了解形状与用途的关系。尝试使用不同工具，用身边容易找到的各种媒材，进行简单组合和装饰，体验设计和制作活动的乐趣。

教学目标：

1. 欣赏古今各式杯子，让学生了解杯子的主要结构、材料、功能等方面的知识。
2. 通过对比、观察，引导学生结合生活认识造型与功能的关系，感受杯子在造型上的特点。
3. 通过老师引导，学生根据需要进行创意设计，完成一幅新颖的杯子设计效果图。

评价任务：

1. 说一说：图片中的杯子由哪几部分组成？杯子各部分的材料、功能是什么？（检测目标1）
2. 为了让杯子显现出新颖独特的一面，聪明的设计师们往往会将杯身、杯口等设计得与众不同。请同学们分析设计的原因。（检测目标2）
3. 我们该如何把想象中的杯子设计在纸上呢？设计图的基本构成是什么？（检测目标3）

教学板块	教学过程
导入	课件展示一只一次性纸杯。 让我们一起走进“杯子大家族”，去欣赏一下各种各样的杯子吧！ 出示课题——杯子的设计。（板书）
活动一 （探究新知）	参观一下“杯子展厅”，看看这些古代的杯子分别是用什么材料制成的。 1. 古代的杯子欣赏。 （1）折线纹彩陶杯（新石器时代）——陶 一个古朴、大气的杯子，制作于新石器时代。 （2）象牙雕夔鋬杯（商）——象牙 商朝的这个杯子高30.5厘米，是用象牙根部制成的，米黄色，杯身上布满花纹。

（续表）

教学板块	教学过程
活动一 （探究新知）	（2）玉云形杯（唐）——玉 这个杯子很特别，呈云朵状，表面雕有许多云的图案。 问题：你喜欢哪一只杯子？它是用什么材料制成的？说说喜欢的原因。 小结：这些古朴、精美的杯子充分显示出了我们勤劳智慧的祖先的设计意识和制作水平。 2. 现代的杯子欣赏。 问题：在日常生活中，你还见到过哪些用其他材料制作的杯子？ 学生自由回答，之后出示图片（用玉、玻璃、陶瓷、竹、木、金属、塑料、石、搪瓷、纸等材料制作的杯子）。
活动二 （了解结构，分析探究）	1. 杯子的结构。 问题：以图片中的这只杯子为例，请你分析一下：它由哪几部分组成？（杯身、杯口、杯底、杯柄、杯盖） 2. 杯子各部分的作用。 杯身——放置液体。 杯口——方便喝水。 杯底——使杯子平稳放置。 杯柄——便于手握住杯子。 杯盖——保持杯中液体的温度，卫生，便于携带。（杯盖的大小要与杯口相符合）
活动三 （精品欣赏）	1. 新颖独特的杯子。 为了让杯子显现出新颖独特的一面，聪明的设计师们往往会将杯身、杯口等设计得与众不同。下面，让我们一起来看看老师给大家带来的漂亮的杯子图片吧！ 杯身：有简单的几何形体、动物或物品的造型；对称形和不对称形。 杯口：不再局限于圆形。 杯柄：这个杯子的把手弯弯曲曲的，有什么作用？ 杯盖：这个杯盖有什么用？设计者为什么要这么设计？ 2. 出示两种不同角度的创意杯子。 想一想：设计师们为何这样设计？他们的设计理念是什么？ （1）从使用者的需求出发。 （2）实用与美观相结合。

（续表）

教学板块	教学过程
活动四 （作品设计交流）	1. 绘制设计图。 我们该如何把想象中的杯子设计在纸上呢？一起看看同学们的设计图，看看一张设计图中包含了哪几个方面的内容。 杯子设计图——杯子图形、功能说明（文字）、各部分的尺寸、物品名和设计者。 2. 小组交流。 简要分析其他学生的作品，小组交流。
活动五 （画一画）	作业要求：设计一个新颖又实用的杯子，标明它的尺寸、功能等。 教师巡回指导，针对学生出现的问题进行指导与点拨。
活动六 （评一评）	引导学生开展自我介绍与互评。让学生说说哪些杯子设计得又新颖又实用。
活动七 （拓展）	欣赏几种生活中有创意又实用的小物件，感受美观实用的设计，并尝试运用所学知识让我们的生活变得更美好。

教案 2：茂密的花

内容来源：人美版五四学制小学《美术》教材二年级上册第 14 课

课　　时：本课共 1 课时，第 1 课时

授课班级：二年级 4 班

课标条目：尝试使用不同工具，用纸以及容易找到的各种媒材，通过看看、画画、做做等方法大胆、自由地表现所见所闻、所感所想，体验造型活动的乐趣。

教学目标：

1. 通过观察、分析与交流，初步了解有关花的知识。
2. 在画面上表示出茂密的花，培养观察、分析、造型的能力。
3. 能够初步表示出不同种类的花的特点，用前后遮挡的方法画出茂密的花。

评价任务：

1. 欣赏图片，说一说这些花的形状，可以用基本形概括。（检测目标 1）
2. 想办法体现茂密。（检测目标 2）
3. 举一个前后遮挡的例子。（检测目标 3）

教学板块	教学过程
导入	1 下课时间，先播放儿歌《蜜蜂做工》，激发学生的好奇心。有节奏的儿歌和有趣的动画能够立刻把学生们吸引过来，有的同学还在跟着动画做动作、唱儿歌。 2. 感受花儿开放的美好瞬间。播放视频，引出课题——茂密的花。
活动一（观察分析）	让我们一起走进花的海洋。（大屏幕展示）这里有一些花的图片，咱们小组讨论一下：它们有什么特点？像我们学过的哪些基本形？学生小组讨论，教师巡视指导。 学生汇报：花的形状可以概括为三角形、椭圆形、圆形、梯形等。
活动二（体会茂密）	播放茂密的花的图片。 你能用一个合适的词来形容它吗？（茂密）
活动三（体会前后遮挡关系）	解决难点，分析怎样才能画出茂密的感觉。 1. 播放图片（有遮挡关系、无遮挡关系）。 2. 你觉得哪幅图片中的花更茂密？为什么？ 总结：前面的花挡着后面的花，我们叫“前后遮挡”关系。（板书） 3. 生活中这样的例子有很多，谁能举一个前后遮挡的例子？

（续表）

教学板块	教学过程
活动四 （欣赏作品，启发想象）	1. 让我们走进奥地利画家克里姆特的《葵花园》，看看大师是怎样表现“茂密”的。学生小组合作交流并汇报。（前后遮挡、数量多、颜色不同、形状不同、高低错落） 2. 花的美丽无法用语言表达，大师用不同的风格和方法来表现茂密的花，老师也按捺不住激动的心情，画了一幅茂密的花。（教师示范） 3. 欣赏作品，谈谈自己的感受。
活动五 （学生实践）	完成一幅有前后遮挡关系的茂密的花。 1. 注意画面的饱满、紧凑。 2. 注意前后遮挡关系。
活动六 （展评）	引导学生开展自我介绍与互评。先让学生互评自评，教师肯定学生的评价，对于优秀的作品要及时给予表扬，对于不理想的作品要加以鼓励。
活动七 （拓展）	下课后，同学们还可以用不同的材料来表现茂密的花。除了画画，我们还可以用橡皮泥、废旧材料等做出这样茂密的花来。让我们一起爱护环境、保护花草，让鲜花常伴左右。

教案3：大树的故事

内容来源： 人美版五四学制小学《美术》教材二年级上册第15课

课　　时： 本课共1课时，第1课时

授课班级： 二年级5班

课标条目： 尝试使用不同工具，用纸以及身边容易找到的各种媒材，通过看看、画画、做做等方法大胆、自由地把所见所闻、所感所想表现出来，体验造型活动的乐趣。

教学目标：

1. 通过回忆、观察，了解大树的基本结构（树根、树干、树枝、树叶、树冠等）及其颜色、种类等特点。
2. 学习表现大与小的关系，用绘画或剪贴的方法表现有关大树的故事。
3. 在回忆、观察与体验中，感悟大树的结构及美感，想象出大树的相关故事。

评价任务：

1. 说一说：老师画、学生说，看看哪一组说得最好。（检测目标1）
2. 学生想象添加其他元素。（检测目标2）
3. 小组讲一讲看到的大树的故事。（检测目标3）

教学板块	教学过程
导入	大树谜语：两棵树，十个叉，不长叶子不开花。是什么呢？ 今天就让我们一起走进第15课，出示课题——大树的故事。（板书）
活动一 （教师展示）	用线条勾勒大树的树干、树枝、树根。 边勾勒边提问：这是画的哪一部分？ 问题：1. 大树有了树根、树干、树枝，还少了什么呢？ 2. 漂亮的树叶老师早就准备好了，剪好的树叶可以装饰大树。学生动手装饰。
活动二 （趣味添加）	添加表现大树的故事：我就是森林里的大树王，我有很多朋友，今天我给大家请来了几位，他们就藏在我的树洞里。谁来请出我的朋友？你们认识他们吗？（贴到合适的位置）多亏有了这些朋友，我的生活才更精彩。

（续表）

教学板块	教学过程
活动三 （欣赏学习）	认识不同种类的树。 迎客松：我每天都会以优美的姿态迎接海内外宾客。 公主柳：我有非常悠久的历史，我是1300多年前由文成公主亲自栽植在拉萨的，是汉藏民族世代友好的见证，因此人们都叫我“公主柳”。 柏树：我又变成了曲阜孔庙前的柏树，我斗寒傲霜，坚毅挺拔，人们称我为“百木之长”。 榕树：我又变成了能独木成林的榕树。 胡杨树：我又变成了胡杨树。人们说我“活着昂首一千年，死后挺立一千年，倒下不朽一千年”。我在沙漠这么恶劣的环境下顽强地生存，被人们称为“沙漠英雄树”。同学们，你们会学习我在沙漠中顽强生存的精神吗？ 我不仅造型多变，在不同的季节，我会呈现出不同的样貌。 赏析不同季节（春、夏、秋、冬）的大树。
活动四 （欣赏学习）	1. （课件欣赏）啄木鸟在干什么？小熊住在哪里？小蚂蚁在跟谁玩耍？ 故事真多呀，树里树外，树上树下，有很多的故事。细心的小朋友看一看，这三张画有什么联系呢？ 大树的故事有很多，我们平时在画画的时候，不仅可以画整棵树的故事，也可以画一棵树的局部。 2. 有个小朋友画了这样的一幅画。（出示课件）这还是大树的故事吗？说说你的理由。因为有树根，画了局部。
活动五 （自主实践）	1. 请你给同学们讲一个关于大树的故事。 2. 用绘画、剪贴等不同的艺术形式进行表现，发挥想象，画一张有趣的关于大树故事的画，独立完成或小组分工合作完成。
活动六 （评价）	1. 以小组为单位展示作品，进行评价。 2. 自评。给大家讲讲你画的大树的故事，说一说：你喜欢的地方是哪里？还有什么不足的地方？
活动七 （拓展）	不仅仅是我们，小动物们也都喜爱大自然，可是总有一些不和谐的因素在破坏这一切。（出示课件）同学们看大屏幕，看了这些人的做法后，你们想说点什么？ 我们身边有很多人在努力地植树造林，不断美化我们的生活环境。（出示课件）同学们，看了这些人的做法后，你们想说点什么呢？ 听了同学们的这番话，老师非常感动。的确，我们唯一的地球不是用来破坏的，人人为世界留住一棵树，就为我们的环境创造了一片清新。 在周末或节假日的时候，同学们可以多出去走走看看，欣赏一下周围的大树。同学们和大树之间会有什么有趣的故事发生呢？

16　三年级美术上学期课程纲要

课程名称：小学美术
课程类型：必修课程
教学材料：人民美术出版社义务教育教科书《美术》三年级上册
课时总数：36 课时
授课对象：三年级学生

一、课程背景

（一）教材分析

本教材的编写注重学生审美感受和视觉经验的培养，强调学生创新意识和实践能力的协调发展，以“接近社会，贴近学生，学以致用”为原则，选择符合三年级学生身心特点的教学内容设计课题。全册共有 21 课，内容涵盖“造型·表现”“设计·应用”“欣赏·评述”“综合·探索”等多个学习领域。本教材注重教学方法的改革，旨在转变学生的学习方式，调动学生主动学习的积极性，从而提高教学质量。

在教学中，为了更好地突出重点、突破难点，体现课程设计注重人文关怀、侧重学生学习体验的特点，针对小学三年级学生的心理特点和认知规律，遵循“教为主导，学为主体”的教学原则，通过情境创设，引导学生主动探究，体验学习的过程，培养学生自主学习、主动探究的意识。通过评价激励，引导学生在积极互动中体会创作的快乐，发展学生的想象力，提高学生的创造力。

（二）学情分析

经过两年的学习，三年级学生在造型方面有了一定的发展。随着知识的增长和认识能力的发展，他们在绘画方面有了初步的写实倾向，这一阶段也称为“萌芽写实阶段”。三年级是从低年级到高年级的过渡阶段，学生要接受知识的变化、思维方式的变化和学习方法的变化，是小学比较重要的阶段。在这一阶段，学生对美术充满了兴趣，但是由于小学生的年龄特点，难免会有不少学生贪玩好动，注意力不集中，缺少认真、严谨、踏实、不怕困难的精神。

二、课程标准

1. 初步认识线条、形状、色彩与肌理等造型元素，学习使用各种工具，体验不同媒材的效果，通过观察、绘画、制作等方法表现所见所闻、所感所想，激发丰富的想象，唤起创作的欲望。

2. 尝试从形状与用途的关系，认识设计和工艺的造型、色彩、媒材，学习对比与和谐、对称与均衡等组合原理，用手绘草图或立体制作的方法表现设计构想，感受设计和工艺与其他美术活动的区别。

3. 观赏符合学生认知水平的中外美术作品，用语言或文字等多种形式描述作品，表达感受与认识。

4. 采用造型游戏的方式，结合语文、音乐、科学等学科内容，进行美术创作与展示，并发表创作意图。

三、课程目标

依据课程标准的相关要求，遵循三年级学生的认知特点和心理特点，确定如下教学目标：

1. 学习运用线条、色彩等造型元素，通过观察、绘画、制作等方法表现所见所闻、所感所想，激发丰富的想象，唤起创作的欲望。

2. 通过观察、分析，了解线条、形状、造型、色彩、用途的关系，利用剪贴和绘画相结合的方法表现设计构思，感受设计和工艺与其他美术活动的区别。通过观察、探究、讨论、小组合作等学习方式，利用废旧的材料，运用剪贴、折叠、切挖、摆拼、组合等制作方法，进行自主创作，并配合音乐解说画面进行表演。

3. 通过欣赏身边物品的外形、色彩、材料、用途，学会运用美术语言对其进行简单的描述，表达自己的感受。

4. 通过制作鞋子造型游戏，对鞋的历史文化、艺术特色、功能和造型等进行学习与探索。经历创作与展示的过程，发表创作意图。

5. 通过参与美术实践活动，体验美术活动的乐趣，获得对美术学习的持久兴趣。在美术学习的过程中激发创造精神，陶冶高尚的审美情操，完善人格，提高美术核心素养。

四、课程实施建议

（一）课程资源

1. 教材：义务教育教科书《美术》三年级上册，人民美术出版社出版。结合学校实际和学生的学习状况，适当调整和删减教材内容。

2. 教具：依托课程标准、课程纲要、参考教参书、教案、课件，充分利用现有的多媒体教学设备、教学系统和各类教具，丰富学生的学习体验，提高教学效益和学生的学习效率。

3. 学具：具体内容见课时安排表。

4. 场地资源：美术教室、美术博物馆。

5. 人文资源：画展、创意活动、周村大街等。

（二）学习活动

1. 问题探究。在“造型 · 表现”领域的第 1、2、4、5、6、7、11、12、15、16 课，结合每课中的“思考与讨论”创设问题情境，引导学生用记忆、想象的方法，学习线条、形状、色彩的基本知识，选择剪贴、折叠、切挖和组合的造型方法，尝试水性颜料的版画创作。

2. 情境教学。在“欣赏 · 评述”领域的第 8、17、20 课，引导学生在美术情景中体验各种绘画工具材料的使用效果，并从外形、色彩、材料和用途等方面进行分析和评述。

3. 合作探究。在“设计 · 应用”领域的第 3、9、10、13、14 课，采用合作探究的方式展开材料与制作方法的探究。

4. 反转课堂。在“综合 · 实践”领域的第 18 课，利用学习单指导学生采取多种方式了解鞋的历史文化、艺术特色、功能和造型等方面的知识，课上展示评述鞋与文化、生活、审美的关系。

（三）课时安排

周次	课题	课业类型	材料与工具	作业
第一周	我的小天地	造型・表现	有关居室环境设计的课件，绘画工具和材料	设计自己喜欢的居室
第二周	机器人	造型・表现	卡纸、绘画工具和材料、拨子（塑刀）、剪子、小梳子、橡皮泥等	画一个机器人并介绍设计功能，塑造一个可爱的形象
第三周	有趣的拼图	设计・应用	各种形状、颜色、大小的植物籽粒，胶水或乳胶等	用植物籽粒粘贴一幅美丽的拼图
第四周	连环画	造型・表现	彩色复印纸、水彩笔、油画棒等	自编或选择现有小故事画成连环画
第五周	演电视	造型・表现	彩纸、水彩笔、剪刀、胶棒	制作并合作表演
第六周	红色的画	造型・表现	卡纸、绘画工具和材料	以红色为主题画一幅画
第七周	黄色和蓝色的画	造型・表现	图片，各种颜色的水彩笔、油画棒	以黄色、蓝色为主画两幅不同的画
第八周	身边的设计艺术	欣赏・评述	图片	感受设计给人们生活带来的便捷
第九周	台历的设计	设计・应用	彩纸、水彩笔、剪刀、胶棒	设计制作一个台历
第十周	民间面塑	设计・应用	陶泥、简单的工具、陶艺作品的照片	试着做一件具有民间气息的动物面塑
第十一周	拓印树叶真有趣	造型・表现	树叶、彩笔等综合材料	根据画面进行联想，完成一幅有趣的拓印画
第十二周	对印版画	造型・表现	水粉颜料（广告色）、印制纸张、调色盘、毛笔或水粉笔	用对印的方法印制一幅画
第十三周	伸缩玩具	设计・应用	冰棒棍、大头针、胶水、彩纸、剪刀等	利用冰糕棍等制作一个伸缩玩具
第十四周	爬升玩具	设计・应用	彩色卡纸、彩笔、线等	制作一个爬升玩具

（续表）

周次	课题	课业类型	材料与工具	作业
第十五周	面具	造型·表现	图画纸、彩色纸、水彩笔、油画棒、墨汁及生活中的废弃物等	用版画的制作方法，制作一个特点鲜明的面具
第十六周	一张奇特的脸	造型·表现	陶泥、简单的工具、陶艺作品的照片	用泥塑的技法制作一张奇特的脸
第十七周	多彩的民间美术	欣赏·评述	拍摄的周村灯彩的图片	选一张拍摄的灯彩图片进行评述
第十八周	各种各样的鞋	综合·探索	卡纸、泡沫等综合材料	制作一双鞋，突出个性特点

（四）课外拓展性练习

结合废弃物品进行美术创作，如报纸拼贴、报纸服装、乒乓球不倒翁、纸盒工坊、光盘巧利用等。

五、课程评价

（一）评价指标

本学期的课程评价由过程性评价（30 分）、作业情况评价（30 分）和期末评价（40 分）三部分组成。

1．过程性评价：

过程性评价（30 分）= 携带工具情况（15 分）+ 课堂表现（15 分）。

评价项目	评价要素	评价等次（分值）
携带工具情况	同桌评价。同桌对自己平时携带工具情况的整体表现打分	A 等 15 分，B 等 10 分，C 等 5 分
课堂表现	对美术课是否有较高的兴趣，上课是否积极思考和积极回答问题等	A 等 15 分，B 等 10 分，C 等 5 分

2．作业情况评价：

鉴于学生的作业情况，将学生的学习成绩划分为三个等级，即优、良、合格。

优：在本学期的平时作业中，有80%以上的作业为优，成绩即优。计30分。

良：在本学期的平时作业中，有60%以上的作业为优，其他为良，成绩即良。计25分。

合格：平时作业能按时完成，但不够认真，成绩为合格。计20分。

3. 期末评价：

手工（20分）：根据平时手工课的学习，做一份手工作业，折纸、小制作均可。

绘画（20分）：挑选本册“造型·表现”领域中的一课为主题，作一幅画。

（二）评价结果处理

学习总评以等第形式呈现，共分为四个等次，等次与分值的兑换如下：优秀（90分以上）、良好（75—90分）、及格（60—74分）、不及格（60分以下）。

教案：对印版画

内容来源：人美版小学《美术》教材三年级上册第12课

课　　时：本课共1课时，第1课时

授课班级：三年级2班

课标条目：初步认识线条、形状、色彩与肌理等造型元素，学习使用各种工具，体验不同媒材的效果，通过观察、绘画、制作等方法表现所见所闻、所感所想，激发丰富的想象，唤起创造的欲望。

教学目标：

1. 在制作对印版画制版、压印、添画的创作实践过程中，掌握对印版画的表现方法，通过控制适合的水、色比例，印制出有笔触、肌理和印痕等细节变化的作品。
2. 对比感受整体印、局部印等不同方法创作的作品的特点。
3. 体验对印版画印制过程中出现偶然形状、色彩、肌理的趣味创作与表现形式。

评价任务：

1. 对比分析，明确对印版画的版与面方向相对。
2. 通过控制水、色比例，表现肌理和印痕，印制出有飞白、洇染、混色、叠加等至少一种细节变化的对印版画作品。
3. 能通过添画使构图更完整，使画面具有故事情景。
4. 能说出对印版画制版、压印、添画的三步制作方法。

教学板块	教学过程
导入	（镜子道具）爱美的人都喜欢照镜子，大自然也喜欢照镜子，你相信吗？（加重语气）画面也会照镜子。（赏析对印）  这种画面照镜子的方法就是我们今天要学习的对印版画。（板书）

（续表）

教学板块	教学过程
活动一 （认识、体验对印）	1. 认识对印。 这么漂亮的对印版画是怎么做出来的呢？老师为大家演示一下：单纸对折版画《天鹅》。 （1）折纸（对齐，折痕要压平）。（2）画形（可用铅笔勾形或直接涂色）。 （3）涂色（涂色要厚些，适量用水）。（4）压印（均匀按压）。 师：老师只画了一只天鹅，另外三只是怎么得到的？生：印出来的。（板书：圈出“印”）画出的部分叫“版”，印出的部分叫“画”，通过制版印出的画叫“版画”。（板书：圈出版画） 2. 体验对印（为学生提供已折好的纸）。 （1）印：先试试对印的方法，画最简单的图形就可以，比如一个三角形或一个圆（提供图形参考），切记，印成的画面不要修改，保留印的痕迹。计时两分钟，开始！ （2）评（找飞白和变形的案例展示）：时间到，组长把纸张、笔和调色盘收起来。让我们一起看看同学们印制的作品。 指着学生作品问：版与画之间的相同点和不同点分别是什么？ 生：相同点是形状、大小、色彩；不同点是方向、底色、背景，印得不清楚。 接着学生“印得不清楚”的发现说：这叫“飞白”，是什么原因造成的？ 生：颜料干了，没使劲压。 指着水痕或色痕问：这是什么原因造成的？ 生：水多、色厚、用力大。 这种大同而小异的变化是版画印制的肌理美。 小结：版画令人着迷的原因之一，就是这些痕迹呈现出的丰富变化。变化原因指向一个字——水，水分控制合适，才能印出想要的“印痕”效果。
活动二 （添画）	师：同学们，天鹅是如此美丽，画面却如此单调，怎么办？生：穿上花衣服，加上高山和柳树，画上白云…… 老师根据学生的建议添画。 师：享受着美景的天鹅开心地笑了（添画笑脸，提示：叠加颜色要晾干），它的朋友沉浸在这夜的景色里（添画眼部表情）。想一想，你的作品可以怎样添加？ 老师有些方法，能不能帮助到你？ 方法一：印纸色调。 师：请看《小蜗牛》，如果要表现雨景，选蓝色纸好，还是绿色纸好？为什么？ 生：蓝色。因为阴天下雨时以蓝色为主色调。

（续表）

教学板块	教学过程
活动二 （添画）	方法二：造型。 师：《争食》这件作品，根据两只鸟从空中俯冲下来的动势展开想象，添画小爬虫，完善争食的主题。如两只鸟相背而飞，还符合《争食》的主题吗？ 生：不符合，叫“分头出击”也许好点。师：如果是朝上飞呢？如果是两条虫呢？对，都不符合《争食》这一主题。 方法三：肌理变化。 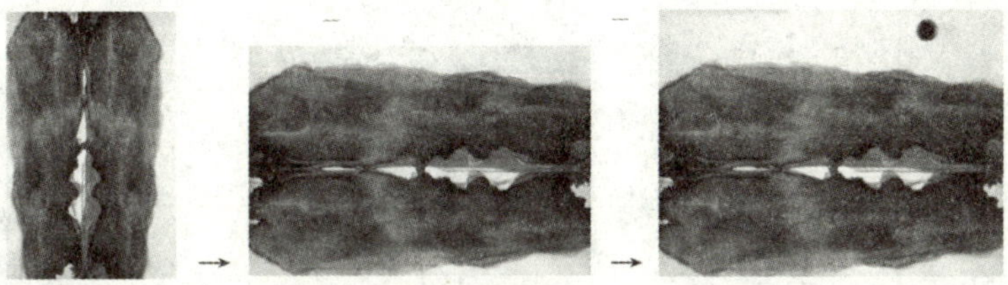 师：（竖着看）你看到了什么？生：两只脚，像腿……不知道是什么，怎么添加呢？师：换个角度试试，两块颜色中丰富的肌理变化让人联想到云雾、森林，添加落日，映红了山川，描绘出一幅长河落日的美景。 添加不一定复杂，但构思需要巧妙。
活动三 （艺术实践）	请选择卡纸、复印纸和水粉颜料，运用对印和添加的方法，创作一幅满意的对印版画作品。也可以小组内商定统一的主体形象展开想象，组成四格连环画。 1. 课件播放制作要求。 选择卡纸、打印纸和水粉颜料，运用对印和添加的方法，创作一幅满意的对印版画作品。 2. 教师巡视，展示优秀作品。 巡回指导：（1）帮助有困难的小组完成创作。（2）选造型、创意、卫生、纪律等方面表现优秀的组为榜样。（3）鼓励学生说一说自己想要表现什么样的故事情节。 3. 可以从造型、色彩、添加方法等方面学习和借鉴其他小朋友的作品。 肌理： 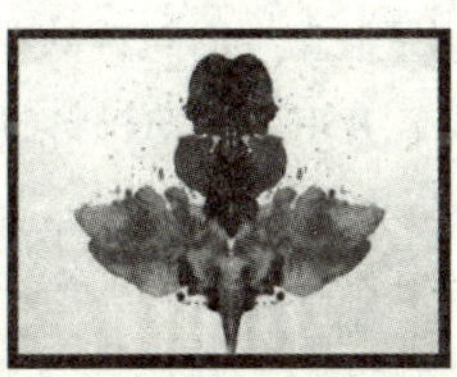

（续表）

教学板块	教学过程
活动三 （艺术实践）	拼纸：   叠加、混色： 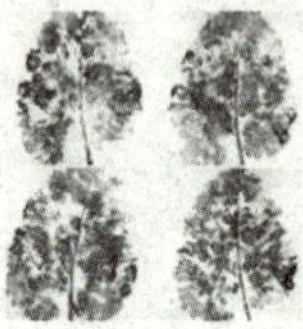  色彩、故事情景：  
活动四 （展评）	展示学生作品，生生、师生互评，介绍自己的创作意图或说一说对同学的作品的看法。 师生互动： 你画的是什么？ 你讲了一个怎样的故事？ 你运用了什么添画方法？ 你为什么用这样的色彩表现？ 你想表达什么想法？ 你为什么添加这样的形象？ ……
活动五 （拓展）	1. 这件《脸谱》对印版画作品，利用了脸型左右对称的特点，画一半、印一半，具有鲜明的特色。下节课，我们会用不同的材料制作立体面具，同学们想不想玩？ 2. 通过这一课的学习，你有没有改变对涂色的认识？之前总是说涂色均匀了好看，现在看来，突出肌理变化也很美。

17　一年级道德与法治上学期课程纲要

课程名称：小学道德与法治
课程类型：必修课程
教学材料：人民教育出版社义务教育教科书《道德与法治》一年级上册
课时总数：32 课时
授课对象：一年级学生

一、背景分析

（一）课标分析

《课程标准》对本学期教学目标的基本要求：珍爱生命，热爱自然，自信向上，做一个有责任心的孩子。养成良好的生活、卫生、文明习惯。能够掌握在学校、家庭中生活所必须的知识和技能，学习与同伴友好交往、合作的基本方法。了解生活中的自然知识和关于冬天、新年的科学知识。

（二）教材分析

本册教材共设计了“我是小学生啦”“校园生活真快乐”“家中的安全与健康”“天气虽冷有温暖”四个单元，每个单元 4 课，共计 16 课。前 3 个单元的主题沿着“去上学—在学校—回到家”这一日常生活的叙事逻辑开展；第 4 单元则是根据《课程标准》的要求、天气变化的生活现实，以及在这段自然时间内的社会时间和心理时间组织与安排的。

（三）学情分析

对一年级学生来说，“上学”开始成为他们生活中最重要的事件，总体而言，儿童生活将由原来的自然状态进入一种“文化式”“文明式”的状态，由原来循序自然需要的生活方式，转为一种有目的的理性生活方式。这种生活方式的转变是缓慢而长期的，因此，适应生活方式的转变，顺利开启另一种存在样态，是一年级学生生活引导中的重大主题。

二、学期目标

1. 爱惜学习用品，爱惜学习生活，与学校建立深厚的感情。校园生活举止文明，有礼貌。知道学校的注意事项和一般规则，理解课堂常规和课间可以做和需要做的事情。知道向教工人员问候和求助的方式。

2. 初步体会友谊。欣赏自己和别人的优点，激励自己不断进步。与同伴和谐相处，共同进步。

3. 理解生活变化与季节的关系。了解冬季易发疾病的有关知识，积极预防、保健。

4. 养成文明饮食的习惯。养成早睡早起、规律作息和独睡的习惯。掌握在家游戏的基本安全常识。

5. 清楚应当遵守的交通规则。

6. 了解不同的新年习俗，懂得生活中的新年礼仪。

7. 体验提出问题、探究或解决生活问题的过程。初步体验与家庭、学校相联系的学习生活。

三、课程实施建议

（一）课程资源

1. 学习材料：义务教育教科书《道德与法治》一年级上册，人民教育出版社出版。《小学生学习园地·道德与法治》一年级上册，青岛出版社出版。

2. 工具材料：电脑、课件、教材中的插图、儿歌、提示语、绘本故事、人物头饰等。

3. 网络资源：班级群以及乐教乐学平台。

（二）实施建议

1. 通过生活中情境的再现，引导学生养成良好的卫生、生活习惯，树立法治意识。

2. 利用给人物配音等多种活动方式，培养学生的自信心，初步培养学生良好的交往能力。

3. 通过情境创设、开展游戏、角色体验、交流互动等方式感悟、体验生活，在活动中初步了解自然、科学知识。

4. 通过对比、探究、小组合作的方式学习新年的有关知识，初步培养探究的能力，初步学习合作的基本方法和技能。

四、课程评价

（一）过程性评价

过程性评价（100 分）= 健康快乐地生活（25 分）+ 愉快、积极地生活（25 分）+ 负责任、有爱心地生活（25 分）+ 动手动脑、有创意地生活（25 分）。

评价项目	评价要素	评价等第
健康、安全地生活	1. 初步养成良好的生活、卫生习惯。 2. 有自我保护的意识和能力。 3. 适应并喜欢学校生活。	优秀（25 分） 良好（20 分） 需努力（15 分）
愉快、积极地生活	1. 喜欢跟同学、老师交往。 2. 能欣赏自己和别人的优点，并以此鼓励自己不断进步。 3. 感受大自然的美。	优秀（25 分） 良好（20 分） 需努力（15 分）
负责任、有爱心地生活	1. 关心他人，友爱同伴。 2. 清楚学校、课间、交通以及家庭中的规则。 3. 爱惜生活用品。 4. 爱学校，尊敬国旗、国徽。	优秀（25 分） 良好（20 分） 需努力（15 分）
动手动脑、有创意地生活	1. 对周围事物充满兴趣，喜欢探究问题。 2. 喜欢用身边的材料自制礼物或者玩具来美化生活。 3. 能积极出主意、想办法拓展游戏，推进活动开展。	优秀（25 分） 良好（20 分） 需努力（15 分）

（二）评价结果呈现

评价结果以等第形式呈现，共分为四个等第，等第与分值的兑换如下：优秀（90 分及 90 分以上）、良好（75—89 分）、合格（60—74 分）、不合格（60 分以下）。

教案1：上课了

内容来源：人教版小学《道德与法治》教材一年级上册第2单元第8课

课　　时：本单元共8课时，第7课时

授课年级：一年级

课标条目：

1. 初步养成良好的生活、卫生习惯。
2. 在学校情绪安定，心情愉快。
3. 喜欢和同学、老师交往，高兴地学，愉快地玩。
4. 细化提出和探寻问题的答案。

教学目标：

1. 认识并学会使用课程表。
2. 初步掌握借助课程表准备用具和其他做好课前准备的方法。
3. 能够在准备的过程中调整上课心态。

评价任务：

1. 寻找课程表，当小老师，学习使用课程表。（检测目标1）
2. 根据课程表摆放学习用品，思考需要准备的学习用具。（检测目标2）
3. 体验、感悟课前做什么最好。（检测目标3）

教学板块	教学过程
导入	1. 上课铃打响后，学生陆续回到座位上，教师播放视频：律动歌《上课了》，并带着学生一起随着音乐做动作。 2. 提问：同学们，一分钟前你们还在各处做着自己喜欢的事情，现在为什么都回到自己的座位上了呢？
活动一（课程表我会看）	1. 提问：这节课是什么课？你是怎样知道的？ 2. 找一找：课程表“住”在哪里？ 3. 教师出示班级墙壁上的课程表，请学生观察，说一说课程表上都有什么内容。 4. 同桌互当小老师：说说某天某节是什么课。 5. 全班交流。 小结：课程表真神奇，许多课程藏这里！每天学习有了它，准备真省力！

（续表）

教学板块	教学过程
活动二（用具准备我能行）	1. 过渡：今天的这节课是道德与法治课，同学们做好准备了吗？ 2. 教师巡视学生桌面，请出一位桌面整洁、《道德与法治》教材摆放整齐的小榜样，并对小榜样进行采访：你是怎样做到的？为什么要这样做？ 3. 比赛一分钟，让没有摆放好书籍和整理好桌面的学生完成学具准备。 4. 教师再次巡视学生桌面，找到忘记带书的学生，采访其心情和感受，引导学生思考：除了按照课程表提前准备本节课的用具，还要按照课程表在家准备好第二天的所有用具。 5. 小组合作，想一想：除了铅笔盒和书，哪些课程还需要不同的用具？ 举例：美术课需要准备水彩笔…… 6. 小结：在家不忘记，课前心里记；课表小帮手，助我用具齐；上课不乱翻，心里不着急！
活动三（心理准备我也行）	1. 过渡：除了学习用品，为了上好课还需要做哪些准备呢？ 2. 出示图：语文课前一分钟，一位同学在座位附近和小伙伴轻声交流，另一位同学还在教学楼外玩耍。自由讨论：谁的课前准备对上课更好？为什么？ 3. 给予学生一分钟，让学生按照自己的想法随意准备，体验各种课前一分钟的准备形式。 4. 一分钟活动体验结束，提问：你在一分钟里做了什么？你喜欢哪种形式？不喜欢哪种形式？为什么？
小结	1. 这节课你知道了什么？ 2. 上课准备提前做，用具齐，心平静。

教案2：玩得真开心

内容来源：人教版小学《道德与法治》教材一年级上册第3单元第9课

课　　时：本单元共8课时，第1课时

授课年级：一年级

课标条目：

1. 本课程遵循儿童生活的逻辑，以儿童生活中的需要和问题为出发点。
2. 喜欢和同学、老师交往，高兴地学，愉快地玩。
3. 关心他人，友爱同伴，乐于分享与合作。
4. 能初步分辨是非，做了错事勇于承认和改正，诚实不说谎。

教学目标：

1. 学生能初步懂得玩的方式有多种。
2. 学生乐于交流，明确要安全健康地玩、文明地玩。
3. 玩耍有节制，学会劳逸结合。

评价任务：

1. 参加玩具交流会，交流自己如何玩，倾听别人如何玩。（检测目标1）
2. 当小法官，裁判小朋友的行为是否合理。（检测目标2）
3. 参加小小讨论会，都替眼睛想办法。（检测目标3）

教学板块	教学过程
导入	今天我们班的小朋友把自己的玩具都带来了，我们就来一起交流如何玩得开心吧！（板书）
活动一 （玩具交流会）	1. 请同学们把课前准备好的玩具拿出来，我们今天举办一场玩具交流会吧！ 2. 学生交流：回到家后喜欢玩什么？怎样玩？ （毛绒玩具、拼图、积木、益智游戏等） 3. 小结：放学回家后，有很多东西可以玩。
活动二 （我是小法官）	好多小朋友不喜欢玩玩具，其实玩具有很多玩法，请大家来当小法官，看看这些小朋友回家后玩这些东西是否合适，并说明理由。 1. 出示明明在家里玩打火机的图片。小法官们，你们想说点什么？你们有什么感受？（小资料：孩子在家玩打火机，阜阳一小区居民楼住户家被点燃） 2. 出示：小明是我的好伙伴，我们喜欢一起下象棋。一天，我们玩得正开心，突然小明大声叫道：“呀，我还有作业！”……小法官们，请判断并说明理由。

（续表）

教学板块	教学过程
活动三（小小研讨会）	听听眼睛的哭诉："都怪我的小主人，长时间看电视不休息，还看电脑、手机，累得我看东西越来越不清楚了！我好害怕再过一段时间什么也看不清楚了。" 1. 听了眼睛的哭诉，你想怎样帮眼睛解决问题呢？ 2. 学生交流。 3. 小结：眼睛是心灵的窗户，让我们从现在起养成爱护眼睛的好习惯，让每一个人都有一双明亮的眼睛，这样才能健康地生活。
小结	1. 通过这节课的学习，你知道了什么？ 2. 学生应健康地玩、快乐地玩、有创意地玩。

教案3：美丽的冬天

内容来源：人教版小学《道德与法治》教材一年级上册第4单元第13课

课　　时：本单元共8课时，第1课时

授课年级：一年级

课标条目：

1. 本课程遵循儿童生活的逻辑，以儿童生活中的需要和问题为出发点。
2. 了解天气、季节变化对生活的影响，学会照顾自己。
3. 亲近自然，喜欢在大自然中活动，感受自然的美。
4. 对周围环境充满兴趣，喜欢接触新鲜事物。

教学目标：

1. 通过寻找捉迷藏的小雪花，发现四季变化的规律。
2. 通过创设情境走进故事，感受冬天的特征，体验冬日的情趣与乐趣。
3. 通过视频电话，了解祖国各地冬天呈现的不同特点。

评价任务：

1. 在春、夏、秋、冬的画面中寻找小雪花，明白四季的运转规律。（检测目标1）
2. 在弗洛格的故事中发现冬天的变化，感悟冬天趣事。（检测目标2）
3. 跟不同地区的小朋友视频通话，感悟不同的冬天。（检测目标3）

教学板块	教学过程
导入	冬天马上就要来了，你还能想起去年的冬天吗？这飘落的雪花，让冬天特别美丽。今天，我们学习美丽的冬天。（板书）
活动一 （小雪花捉迷藏）	1. 小雪花特别喜欢玩捉迷藏的游戏，它藏起来了，藏到了图画中，它会在哪幅图中呢？ 2. 出示春、夏、秋、冬四幅图，小雪花藏在哪里呢？ 3. 如果今年的小雪花走了，你知道什么时候能再找到它吗？ 4. 我们一起读教材52页的“曰春夏，曰秋冬。此四时，运不穷”。

（续表）

教学板块	教学过程
活动二 （弗洛格冬游）	1. 四季不停地轮转。冬天又来了，北风呼呼地吹，天越来越冷了，小雪花听说青蛙弗洛格今年没有冬眠，一定要寻找冬天，我们也跟着弗洛格去找一找吧！ 2. 学生交流变化。 （天气的变化、植物的变化、动物的变化、生活的变化） 3. 可是弗洛格说很冷，要回家，走着走着，他倒在了雪地里，朋友们把他抬回家。你知道他还需要什么吗？（冬眠） 4. 播放冬眠视频。
活动三 （不一样的冬天）	1. 小雪花想到处去看看，可有的地方就是去不了，你知道为什么吗？ 2. 我们给其他地方的小朋友打个电话吧，让他们说说他们那里的冬天是什么样子的。可以给昆明的小朋友打，也可以给海口的小朋友打，还可以给黑龙江的小朋友打，自己选择。 3. 学生跟各地的小朋友交流。 4. 小雪花特别想去旅行，于是变成了纸雪花，你打算带纸雪花去哪里玩？你准备带什么东西？学生选择。
小结	1. 通过这节课的学习，你知道了什么？ 2. 这些东西都在冬天发生了变化，有没有在冬天没发生变化的？

18　五年级上学期信息技术项目课程纲要

课程名称：《魅力唐槐（基础篇）》项目探究实践课程

课程类型：基于信息技术的综合实践活动课程

教学材料：泰山出版社山东省义务教育地方课程教科书《信息技术》五年级上册

课时总数：28 课时

授课对象：五年级学生

一、课程背景

（一）课标分析

围绕某个主题，使用媒体集成工具，综合运用多种媒体信息，设计、制作、发表或发布多媒体作品，能够根据任务的要求评价多媒体作品的表达效果。在使用信息技术时学会与他人合作，学会使用与年龄发展相符的多媒体资源进行学习。

（二）教材分析

教材内容包括网络资源的获取，图像、声音、视频、信息的获取和处理，综合运用多媒体素材表达信息等。

（三）学情分析

五年级的学生开始对事物有了自己独立的看法，对生活中的事物有浓厚的探究兴趣。在技术层面上，学生已经学习了两年的信息技术，认识计算机的各个部件，掌握了汉字输入、画图的使用方法，初步学习了 word、邮箱、论坛的使用。

本项目活动中出现的唐槐是学生在生活中都认识，但是认识又非常有限的事物，在引入内容时应充分考虑学生已有的认知经验，以便于学生理解生活中蕴含的信息。学生们有浓厚的探究兴趣，通过调查、采访、拍照等方法进行信息采集，之后利用信息工具表达自己的想法和收获。通过“魅力唐槐”项目课程，引导学生分组进行合作探究，使学生在掌握基础知识和基本技能的基础上，体验信息技术的价值，感悟信息文化。

二、学期目标

1. 了解唐槐的历史、故事、生物特征，感受唐槐对周边的影响；了解唐槐的死亡年代，分析唐槐死亡的原因。

2. 能对获取的唐槐的信息进行整理、共享、处理，运用课件并结合探究报告进行展示，呈现自己组的探究成果。

3. 了解最近几年对唐槐的保护情况，初步形成保护动植物、保护环境的意识，更加热爱我们的家乡。

三、课程实施建议

（一）课程资源

1. 教材：山东省义务教育地方课程教科书《信息技术》五年级上册，泰山出版社出版。

2. 网络资源：利用网络资源，丰富课程学习资源。

3. 微机室、计算机、数字设备（平板、手机）、群邮箱。

4. 课件、网络资源、材料、教案、学案、社会资源。

（二）实施建议

利用基于信息技术的综合实践活动课程开展基于项目的学习。在各个项目中遵循的基本步骤：提出问题，制订计划，获取信息，处理信息，交流信息，评价。

1. 基本的学习方式：

自主探究和小组合作学习相结合。学生在老师的指导下开展自主探究学习、小组合作学习。学习过程中，以4—6人为一个小组，开展信息获取、信息处理、信息交流、观察、实验、讨论等学习活动，分工合作，共同完成学习任务。

2. 具体的任务：

（1）通过“向往唐槐”活动，学生创建小组，制定小组公约，选好探究方向，做好组内分工。

（2）通过“走近唐槐”的探究活动，运用采访、调查、拍照等方式采集与唐槐有关的信息，初步培养多方面获取信息的意识。

（3）通过“再认识唐槐”活动，整理、分享、处理资料。

（4）通过“约定唐槐”活动，制作探究报告，表达自己组的探究成果。

（5）通过“唐槐绽放”活动，结合探究报告进行展示，相互评价，分享感想。

四、课程评价

（一）评价指标

评价指标分为过程性评价和成果评价两类。

1．过程性评价分个人和小组两类。

（1）过程性评价（个人）：在课堂中，组长根据组员的学习态度、纪律性、参与的积极性、合作程度、活动成果等方面的情况进行评价，评价分别为★★、★和不得★，最后综合评价为优秀、良好、合格和不合格。课堂评价为不合格的组员，下堂课老师会特别关注。

评价量规：10★—12★为优秀，7★—9★为良好，5★—6★为合格，5★以下为不合格。

＊＊＊活动评价量表

201　级　班　　　　　　201　年　月　日

<table>
<tr><th rowspan="2">组别</th><th rowspan="2">姓名</th><th rowspan="2">学习态度</th><th colspan="4">课上学习</th><th rowspan="2">自评（★★\★\不得星）</th><th rowspan="2">组长评价</th><th rowspan="2">教师评价</th></tr>
<tr><th>纪律性</th><th>参与的积极性</th><th>合作程度</th><th>活动成果</th></tr>
<tr><td rowspan="8">第
组</td><td></td><td></td><td></td><td></td><td></td><td></td><td></td><td></td><td></td></tr>
<tr><td></td><td></td><td></td><td></td><td></td><td></td><td></td><td></td><td></td></tr>
<tr><td></td><td></td><td></td><td></td><td></td><td></td><td></td><td></td><td></td></tr>
<tr><td></td><td></td><td></td><td></td><td></td><td></td><td></td><td></td><td></td></tr>
<tr><td></td><td></td><td></td><td></td><td></td><td></td><td></td><td></td><td></td></tr>
<tr><td></td><td></td><td></td><td></td><td></td><td></td><td></td><td></td><td></td></tr>
<tr><td></td><td></td><td></td><td></td><td></td><td></td><td></td><td></td><td></td></tr>
<tr><td></td><td></td><td></td><td></td><td></td><td></td><td></td><td></td><td></td></tr>
</table>

（2）过程性评价（小组）：每堂课按学习态度、纪律性、参与的积极性、合作

程度、活动成果在苹果树上挂苹果，评选出最优秀的小组，在过程性评价记录量表上点赞，作为课堂过程性评价得分。

＊＊＊＊过程性评价记录量表

201　级　　班　　　　　自 201　年　　月　　日起

组别	成员姓名	过程性评价										探究报告评价	综合评价
		1	2	3	4	5	6	7	8	9	10		
1													
2													
3													
4													
5													
6													
7													

2. 成果评价：

各组结合相应活动的探究报告进行展示，展示后全体小组根据评价量规进行评价，并给自己组选出的三份最优展示挂上苹果。本次得苹果数最多的作品为本班的优秀作品。

探究报告评价量规

201　级　　班　　组　　　　　201　年　　月　　日

项目	具体标准	星级	1	2	3	4	5	6	7
内容	报告围绕本组探究主题展开，有准确的标题，用幻灯片展示主题	★★							
	使用的图片、文字信息紧贴主题	★★							
	幻灯片的张数大于 12 张	★							
	正确恰当地使用图片、动画、表格等信息	★							
技术	结构设计合理，顺序符合逻辑	★★							
	动画效果设置恰当，出示时间合理	★							
	页面效果设置恰当，出示时间合理	★							
	文字的字体、字号、样式使用合理	★★							
	图片的大小、质量、效果合理	★★							

（续表）

项目	具体标准	星级	1	2	3	4	5	6	7
界面	演示文稿总体和谐，操作方便	★							
	演示界面整齐	★							
感想	活动感想内容丰富	★							
	能体现环境保护或动植物保护的意识	★							
演示	演示过程中用不同的方式跟读者进行交流，而不仅仅是读文字	★							
	语言简洁明了，但信息量比较充足	★							
加分项目	组内同学全员参与演示	★★							
合计		22★							
综合评价	18★—22★为优秀，15★—17★为良好，12★—14★为合格，12★以下为不合格								
优缺点记录									

（二）评价结果处理

1. 与不得星的学生课后进行交流，分析原因，让每个学生都有进步。
2. 将不合格作品发回小组修改，直到全班评价合格为止。
3. 优秀团队评选。

项目结束时，按照课堂过程性评价得分（50%）；成果评价以每组最终提交的探究报告评价得分（50%）。项目结束时，按照以上两项相加评选优秀团队，并颁发奖状。

教案1：槐海探秘第1课时

内容来源：《魅力唐槐》第一章《向往唐槐》

课　　时：本章共2课时，第1课时

授课年级：五年级

课标条目：

1. 体验几个常用的搜索引擎，能够使用搜索引擎查找信息。
2. 尊重知识产权，能复制、下载并合理使用网页中的文字、图片等信息。

教学目标：

1. 学会关键字搜索、多关键字搜索，会利用关键字搜索想要搜索的信息。
2. 能把搜索到的信息有选择地保存到word中。

评价任务：

1. 组内相邻同学分别展示以“唐槐”和“唐槐西马”为关键字的搜索结果，说一说搜索的步骤。分析两种搜索结果不同的原因。
2. 利用刚刚学到的新知识，查找各地关于老槐树的信息。

   我想搜索关于古老的槐树的信息，使用的关键字是________；我以________为关键字，搜索到了槐树的种类；最后，以________为关键字进行搜索，搜索到了________________的信息。
3. 刚才搜到了好多信息，把你感兴趣的信息保存下来吧。展示保存的信息，说一说保存步骤。

   在保存信息时，我们的保存步骤是：________________________________。

教学板块	教学过程
导入	网络上有这么多信息，我们怎样从网络上来获取自己需要的信息？ 说说从网络上查找信息的方法，输入关键字搜索。
活动一 （关键字搜索）	1. 打开搜索引擎，输入关键词“唐槐”进行搜索，查看搜索到的结果；输入关键词“唐槐西马”进行搜索，查看搜索到的结果。 提示：不会进行搜索的同学可以参看课本第2页的操作步骤。 2. 做完后小组交流，完成评价任务1。
活动二 （槐海探秘）	全国各地有许多老槐树，利用关键字搜索查找各地老槐树的信息。

（续表）

教学板块	教学过程
活动三（有选择地保存信息）	把刚才搜索到的信息有选择地保存下来。 1. 按照课本第 8 页的提示，有选择地保存自己想要的信息。 2. 请组长检查自己组的完成情况，选出作品进行展示。根据小组评价表对组员本堂课的表现进行评价。 3. 全班展示。
小结	1. 说一说本堂课的收获。 2. 评选优胜小组。

教案2：槐海探秘第2课时

内容来源：《魅力唐槐》第一章《向往唐槐》

课　　时：本章共2课时，第2课时

授课年级：五年级

课标条目：

1. 掌握在文档和幻灯片中插入表格的基本方法，并能进行简单编辑。
2. 学会制作表格，管理简单的信息。

教学目标：

1. 学会在word中创建表格、调整表格。
2. 尝试利用表格管理各地古槐的信息。

评价任务：

1. 展示建立的各地古槐一览表。
   在建立表格时，我们的步骤是：(1) ________________。(2) ________________。(3) ________________。
2. 在表格的右侧插入一列，取名为“保护措施”。根据需要，把介绍的列调宽些。
3. 利用表格，把保存的信息用表格整理一下并展示。

教学板块	教学过程
导入	你在哪些地方见过表格？（课程表、时间表、食谱表……）表格有什么优点？上次下载的信息杂乱无章，尝试用表格进行管理。
活动一（建立表格）	建立各地古槐一览表。 分析：资料中包括名称、地点、年代、简介、传说、图片等6种信息，现在共有7条信息，我们可以建立一个8行7列的表格。
活动二（调整表格）	插入一列，输入保护情况，取名为“保护措施”；根据需要调整行高和列宽。
活动三（利用表格整理信息）	利用表格，把上堂课保存的信息用word整理一下。 1. 按照相应的类别和条目分别复制、粘贴相应的信息。 2. 完成后，组内成员相互学习，选出作品参与全班展示。根据小组评价表对组员本堂课的表现进行评价。 3. 全班展示，每个组选自己组认为最好的两个作品进行展示。
小结	1. 说一说本堂课的收获。 2. 评选优胜小组。

教案3：资料整理

内容来源：《魅力唐槐》第三章《再认识唐槐》

课　　时：本章共3课时，第1课时

授课年级：五年级

课标条目：

1. 认识常见的文件类型，能够创建文件夹并存放文件，能对文件夹和文件进行有意义的命名。
2. 能够根据需要对文件和文件夹进行分类和管理。

教学目标：

1. 建立自己的文件夹。
2. 小组成员按照分工整理文字资料。
3. 把自己整理的资料上传到群共享，小组成员下载保存。小组成员分工合作，各组把照片、文字整理到自己的文件夹中。

评价任务：

1. 展示建立的文件夹，说一说建立文件夹的方法。分析命名时遵循“见名知义”原则的优点。
2. 确定小组的探究方向和分工安排。
3. 展示整理的资料库，查看文件夹内的文件资料是否充实。

<table>
<tr><th>教学板块</th><th>教学过程</th></tr>
<tr><td>导入</td><td>对上堂课外出探究获取的资料进行整理。</td></tr>
<tr><td>活动一
（文件夹准备）</td><td>在E盘相应的班级文件夹里，建立图片和文字两个文件夹。</td></tr>
<tr><td>活动二
（分工整理资料）</td><td>组长按照上堂课调查采访的内容，组织组内成员商议分工，整理采访记录。
分工示例：
<table>
<tr><th>组员</th><th>记录内容</th><th>保存的文件名</th></tr>
<tr><td>1</td><td>槐树的叶子描写</td><td>生物特征1－叶</td></tr>
<tr><td>2</td><td>槐树的总体介绍</td><td>生物特征2－总</td></tr>
<tr><td>3</td><td>槐树枝描写</td><td>生物特征3－枝</td></tr>
<tr><td>4</td><td>槐树花描写</td><td>生物特征4－花</td></tr>
<tr><td>5</td><td>唐槐的联系</td><td>生物特征5－联系</td></tr>
<tr><td>6</td><td>槐树的价值</td><td>生物特征6－价值</td></tr>
</table>
</td></tr>
</table>

（续表）

教学板块	教学过程
活动三 （资料上传下载）	1．把整理的文字资料上传到组内的群共享中。 2．组内成员把群共享中的文字和图片分别下载到自己的文字和图片文件夹中。 3．组内成员相互参观资料库。 4．集体展示每组 3 号成员的资料库。
小结	1．说一说本堂课的收获。 2．评选优胜小组。

第二部分

基于《课程标准》的教学反思与论文

1 为什么要写学期课程纲要

魏 猛

平时我们经常会听到这样的声音："课程纲要有什么用?"有时，我们也会问自己这个问题。很多人认为学期课程纲要就是从目标、内容、实施、评价四个环节写的一份教学计划。与传统的教学计划相比，内容更完善了，逻辑也更清楚了，但还是没有实际的用途。真的如此吗？为什么要写学期课程纲要呢?

简言之，学期课程纲要可让教学由散乱走向连续，让教学由简单的计划走向整体的规划，让学生的学习由被动走向主动，让教与学之间的交流更加深入广泛。

一、让教学由散乱走向连续

一门课程有一个完整的知识体系。作为某一年级的教师，所教知识只是整个知识体系中的一部分。最终，各部分之间的知识能否联系起来，就需要教师对整个知识体系有个完整的规划，制定出一个完整的课程规划方案，即课程纲要。这个规划方案就像一张认知地图，既告诉我们要去哪里，又可以让我们随时知道自己在哪里。也可以说，让我们不但知道"树木"，还知道"树木"与"树木"的联系，知道"树木"在"森林"的哪里。学期课程纲要可以让我们的教学从原本的散乱走向连续，解决知识碎片化的问题。

二、让教学由简单的计划走向整体的规划

学期课程纲要作为一个学期的课程计划，是从课程的角度来审视一个学期的教学的。它根据"课程标准"、教材内容和学生实际情况，将"课程标准"中的学段目标分解成"学期目标"，将课程总目标分解到每一个学期，这样可以使目标连贯而一致。除了目标之外，"课程实施"同样如此。在不同学期有计划地安排不同的活动，可以有序地培养学生的技能和学科核心素养。这是一个对课程整体思考、规划的过程。以小学阶段数学学科为例，学生需要掌握的技能有哪些，在每一学期分

别着重安排哪些活动来实现，这都是需要规划的。没有规划就无法全面达成课程总目标。再如，学习统计知识时，如果我们眼睛只盯着一册书或一册书中的一个单元，就无法清楚了解本册或本单元在整个小学阶段的地位与要求，更无法掌握编者安排本单元统计知识的真正意图、知识边界与认知要求。通过撰写这样一个规划文稿，我们就不会重复“教到哪里是哪里”的无序教学，也不会眼睛只盯着一册书进行教学，而是使教学能够始终站在小学阶段的整体上去把控。

三、让学生的学习由被动走向主动

作为学习的主体，学生需要参与学习的全过程。但是在传统的教学中，学生只是被动地学，不知道自己要学什么、用什么学、怎样学，因此，学生的主体地位无法体现。学期课程纲要中，“学期目标”说明了要学会什么，“内容安排”说明了用什么学，“课程实施”说明了怎么学，“课程评价”说明了判断学生是否学会的方法。通过学期第一课的分享纲要活动，学生可以清楚地知道一学期后学习的结果，了解整个学期学习内容的全貌，也有权对自己怎样学等问题提出建议，而且还知道平时与期末教师对自己的评价方法。这份师生共同制定的纲要，可以真正调动学生学习的主动性。

四、让教与学之间的交流更加深入广泛

在学校，不管是教师与教师之间的交流，还是教师与学生的交流，往往局限于课的内容。其实不管是教师还是学生，首先应该交流的是学期课程纲要，因为只有在课程开始之前达成学期课程纲要的共识，才能开始课程的实施，否则方向不一致，交流就没有意义了。学期课程纲要是一种让教师与教师、教师与学生达成一致方向的交流工具。学期课程纲要的制定过程本身就一种交流过程。首先是教师与教师之间的交流。同年级的教师也需要对同一份学期课程纲要达成共识，避免同年级使用不同学期课程纲要而带来的质量管理问题；不同年级教师与教师之间需要对各自的学期课程纲要进行交流，避免出现各年级之间的学期课程纲要不连贯的现象。其次是教师与学生之间的交流。教师最初设计的学期课程纲要需要与学生进行分享，并经过学生的认同，只有学生认同的学期课程纲要才能真正成为约束学生学习行为的、指导学生学习过程的、有用的学期课程纲要。最后是学生与学生之间的交流。在商讨一学期学习活动的过程中，学生之间需要经过交流达成共识，在学习过程中对自己或者同学的过程性学习作出评价的时候，需要同学与同学之间的交流，以实现评价的公开、公正、合理。

2 浅析小学段学期课程纲要订制“学生装”的必要性

李巧玲

在深入解读并分解《课程标准》的基础上，我校教师撰写了小学段各年级学期课程纲要，使老师们重新认识了课程四要素，对课标和教材有了更加精准的把握，有效促进了教师在教学中实施教、学、评一体化。我校实践表明，课程纲要的推广使用令教师受益匪浅，那么对学生的作用如何呢？

一、学生对课程纲要的理解和接受程度问卷调查

在学期初与学生分享课程纲要后，我们编制了学期课程纲要分享结果调查问卷，并在我校四年级随机抽查了45名学生进行问卷发放。从统计结果得知，纲要实施过程中存在着一些亟待解决的问题。例如，超过一半的学生认为课程纲要“有一点用处”，少量学生认为课程纲要“非常有用”，有些学生甚至觉得课程纲要“没有用处”。学生对课程纲要的用处无明显侧重，针对四要素的四个选项基本持平；但7、8、9题的问卷结果令人担忧，45.3%的同学选择了“基本理解”老师呈现的课程目标，有的同学选择了“不能理解”；60.7%的学生仅仅是“基本理解”老师所谓的评价方式，甚至有18.9%的学生选择了“不能理解”；49.2%的学生选择了“可能会”根据老师的评价方式严格要求自己，15.3%的学生选择了“不会”。这说明分享课程纲要并没有激发起该部分学生的学习兴趣和学习动机。问及对课程纲要的建议，学生们填写了“动画”“对同学们有趣的方式”“视频”“PPT”等，学生视角的课程纲要初现雏形。

调查结果表明，作为学期课程纲要的另一个使用主体，学生对课程纲要的理解和接受程度远低于预期。就我校教师撰写的学期课程纲要来看，基本可以做到课程目标适切、内容明确、实施方案具体、评价方式科学多样。但当把一份凝结了整个教研组智慧结晶的课程纲要摆放到学生面前时，学生却退缩了。作为教师，我们必

须清楚地知道，孩子对这份纲要的接受和理解程度，很大程度上影响着课程实施的效果，我们必须思考并解决这个问题。

二、当前版本的课程纲要一身“正装”，忽视学生的适用性

什么是课程纲要呢？华东师范大学李锋博士给出了“课程纲要”的定义，课程纲要即以提纲的形式一致性地呈现一门课程的目标、内容、实施和评价这四个基本要素。当前版本的课程纲要已经满足了以上要素，但是，我们在课程纲要编制过程中一味强调了科学、规范，导致课程纲要仅着一身“正装”。

一身“正装”的课程纲要忽视了学生的适用性，但课程纲要的本质属性要求其服务于师生双方。崔允漷教授在《基于标准的课程纲要和教案》中指出，“课程纲要不仅是教师的教学设计方案，同样也是指导学生学习的蓝本”。学期初，教师在教研组内交流、编制学期课程纲要，有利于教师从整体上把握本学期课程。同时，李锋博士也明确指出，学期课程纲要要有利于学生明确所学课程的总体目标与内容框架，同时在新学期第一节课，应与学生分享课程纲要，让学生知道本学期、本学科的学习目标、学习内容等计划要点。学期课程纲要具有科学性、导向性、共享性等诸多属性，其中共享性不仅指教研组内教师之间的分享，还包括师生之间的共同分享，这就更加凸显了当前版本的课程纲要已不适宜学生使用。

三、小学段学期课程纲要应着“学生装”

首先，课程纲要应考虑小学生的认知特点，体现学生是学习的主体。小学阶段学生正处在由具体形象思维向抽象思维过渡的时期，正逐步稳定地形成各种概念，并学习初步监控自己的认知活动。就课程纲要而言，就是从学生已有的认知基础出发，为学生量身订制“学生装”，让学生理解并乐于分享学期课程纲要。通过开学初的分享活动，使学生对新学期的内容产生兴趣，对新学期的学习活动产生期待。

其次，中国学生发展核心素养重视自主发展。自主性是人作为主体的根本属性。自主发展，重在强调一个人能有效管理自己的学习和生活，认识和发现自我价值，有效应对复杂多变的环境，发展成为有明确人生方向、有生活品质的人。重视学生的自主发展，就必须重视学生学习的主动性，激发学生的内在学习动机，让学生学会学习。

最后，学生期待纲要的“学生装”形式。一份学期课程纲要，编制成内容相同而呈现形式不同的两种形式，就是所谓的“正装”与“学生装”。“正装”即教师版本，专业性强，格式规范。在这一方面，正阳路小学已经开展了研究，取得了初

步成果。“学生装”则是在科学性的基础上，语言表述充满童趣，色调搭配活泼，还可以集图、文、声于一体，甚至可以以影像动画的形式展示，使学生在新学期伊始就对本学期的课程充满期待。

我们提倡订制学期课程纲要的“学生装”，目的是尊重学生学习的主体性，让学生能够充分利用课程纲要；同时，订制“学生装”对于培养学生的元认知能力，形成学生自主发展的核心素养具有十分重要的作用。

3 课程纲要的内涵、设计与实施

魏 猛 李巧玲

关于“课程”一词，在中外历史上有多种解释。在中国，“课程”一词最早出现于唐朝。唐代孔颖达（574—648 年）曾说过：“以教护课程，必君子监之，乃得依法制也。”《汉语大词典》对“课程”的解释为：“有规定数量和内容的工作或学习进程。”在西方英语世界里，“课程（Curriculum）”一词最早见于英国教育家斯宾塞（H. Spencer）《什么知识最有价值?》（1859 年）一文中。它是从拉丁语“Currere”一词派生出来的，意为“跑道（Race - course）”。根据这个词源，最常见的课程定义是“学习的进程（Course of study）”，简称“学程”。而我们现在提到的课程，有广义和狭义两种解释：广义的课程是指学校为实现培养目标而选择的教育内容及其进程的总和，它包括学校老师所教授的各门学科和有目的、有计划的教育活动；狭义的课程是指某一门学科。

学程也罢，进程也罢，都是指一个过程。而这个过程包括哪些关键内容？对此做出简洁、清楚阐述的是美国的拉尔夫·泰勒。

泰勒在 1949 年出版的《课程与教学的基本原理》一书中提出了课程编制的基本原理：第一，学校应该达到哪些教育目标？第二，提供哪些教育经验才能实现这些目标？第三，怎样才能有效组织这些教育经验？第四，我们怎样才能确定这些目标正在得到实现？这就是目标、内容、实施、评价四个元素。并且指出：任何一门课程，必须具备这四个元素，缺一不可。泰勒也因此被誉为“现代课程理论之父”。张斌博士更是把这四个元素称为“课程的 DNA（脱氧核糖核酸）”。换句话说，只要是课程，就必须具备这四个元素，否则就不是课程。

理清课程的定义，才能接着探讨课程纲要。华东师范大学李锋博士给出了“课程纲要”的定义，课程纲要即以提纲的形式一致性地呈现一门课程的目标、内容、实施和评价这四个基本要素。这四个基本要素可以回答四个问题：学生要到哪里去？基本的素材或活动是什么？学生怎么去？学生怎么知道他们已经到了哪里？

这四个基本要素所回答的问题，正好可以解释课程纲要与传统教学计划的区别。

一、课程纲要与教学计划的区别

（一）教学计划只见教师不见学生

教学计划主要回答教师在这学期将要做什么，而课程纲要第一个要回答的问题就是学生在这个学期将要“学会什么”，紧接着回答需要提供什么样的内容、组织什么样的活动帮助学生更好地学会，以及什么样的评价任务能检测学生的学习进程及结果。可见，课程纲要始终围绕着学生的学习来开展，这也回应了课程因学生而生的理念。

（二）教学计划只见进度不见教学

教学计划呈现的是教师将在什么时候教完教材上的什么内容，只是一个进度的安排。课程纲要不仅要呈现课时安排，更要展示为达成本学期的目标，关键的教与学的活动及其方式。

（三）教学计划只见教材不见课程

在教学计划中，老师们一般只是把一个学期的时间按照教材目录内容来进行分配，而课程纲要要全面而一致地回答为什么教、教什么、怎么教和教到什么程度，包含了课程必须回答的四个问题或要素。

二、课程纲要编撰的意义

通过课程纲要与教学计划的比较，就可以更加深入地理解课程纲要的本质，明晰课程纲要编撰的意义。其意义可以总结为以下几点：

（一）有利于教师形成学科观或课程意识，思考从“一节课”到“一门课”

实践中，教师常常会存在这样的问题：非常清楚每个单元的知识点，但往往忽略了各单元之间的逻辑关系，从而失去了对任教学科的总体把握。这种“只见树木，不见森林”的现象容易使教师忽略学科的本质特征和目的所在。课程纲要就像一份认知地图，它要求教师厘清本学期课程在学科课程中的地位与价值，不仅呈现本学期需要学生应知与能会的目标，同时也呈现各知识之间的结构以及与课程目标的逻辑关系，因此有利于教师整体地把握课程。

（二）有利于教师审视满足某门课程实施的所有条件

课程纲要是一种计划，也是对教学实施的预期，要充分地考虑各种实施条件，如学生的已有经验、教学设备与其他资源、符合课程内容与认知规律的教与学的方式等。在撰写纲要的过程中，对这些要素的审视有利于教师正视教学条件现状。

（三）有利于学生明确某门课程的全貌或相关政策

课程纲要不仅是教师的教学设计方案，同样也是指导学生学习的蓝本，因此，在教学前，就应与学生分享，这样有利于学生明确某门课程的全貌或相关政策。

（四）有利于学校开展课程纲要的审议与质量管理

课程纲要既是一份课程合同，也是一种交流工具。通过这份课程合同，学校、教师和学生都清楚自己需要做什么。通过这种交流工具，教研组可以共享纲要并促进教学质量的提升；学校课程组织可以对其质量进行审议；学生可以了解课程要求及其安排，规划自己的学习，更加明确自己将要往哪里去、怎么去，以及如何监控自己的学习。

三、编撰课程纲要的步骤

根据华东师范大学李锋博士的研究成果，课程纲要本身的构成包括一般项目和课程元素。一般项目包括课程类型、教材、授课时间、设计教师、授课对象等。课程元素包括（背景）、学期目标、课程内容、课程实施、课程评价等。但是，编撰高质量的课程纲要，要以提纲的形式一致性地呈现一门课程的目标、内容、实施和评价这四个基本要素。在编撰时，必须抓住两个关键词——“提纲”和“一致性”。

所谓“提纲”，即不把全文的所有内容写出来，只把那些主要内容提纲挈领式地写出来。因此，我们在撰写课程纲要时，要将语句进行整合与提炼，形成关键语句，用较为精练的语句呈现一门课程的目标、内容、实施和评价这四个基本要素，形成专业的教育活动设计方案，不能写成具体的教学参考。

所谓“一致性”，是指一门课程的目标、内容、实施和评价这四个基本要素是一致的。内容、实施和评价这三个基本要素都要与目标一致。

据此，编撰的第一步就应该是确定和叙写“课程目标”，但还要进行背景分析，因为背景是四要素确定的基石，是不容忽视的。

（一）如何分析背景

背景：相关学生已有的知识与认知特点。

首先，要从分级目标描述中找到相对应年级的要求。

其次，根据课标要求进行学情分析，也就是学生现在到哪里了，到达终点还需要做出哪些努力，从而确定课程实施重点，也就是主要课程目标及评价。

再次，根据学情进行教材分析，也就是从学生现在的起点到终点教材能提供哪些支持资源。处理教材中不合理的地方时，大的方向：对教材内容进行增（增加内容，如补充材料、主题活动、实验操作等）、删（删除重复的、不必要的、不符合课程标准的内容）、换（更换不合适、不合理的内容）、合（整合不同知识点或不同学科的内容）、立（打破原有学科内容的呈现顺序，建立全新的框架结构），从而确定课程内容与实施方案。

（二）如何确定和叙写课程目标

课程目标是课程的灵魂，制定目标的依据是对课程标准的分解和对学生的研究，以及对学材和其他现有资源的分析。

崔允漷教授在《基于标准的课程纲要和教案》中对目标的确定和叙写有如下要求：目标基于课程标准、教材和学生而确定。目标要强调关键，即要强调是这个学期的“关键目标”。要将诸多的“小目标”进行整合与提炼，形成 4—6 条关键目标，这些目标应体现“三维性”，即知识与技能、过程与方法及情感、态度、价值观的整合。这些目标要有层次性，要体现从简单到复杂、从显性到隐性的过渡。

（三）如何确定课程内容

教材是我们达成目标的素材，是课程内容的基本载体。但是我们要明确，教师是在用教材教，而不是在教教材。课程内容的编制，我们要注意的是：第一，清晰写明各单元、话题、课文等教学内容的具体课时安排（即安排几课时）。这个课时安排，要特别注意把开学第一课的“分享课程纲要”、期中与期末的复习、阶段性检测等纳入其中。第二，要合理处理教材内容。在课程内容确定环节，要进行精准的内容与目标对应分析，以确保目标的达成度。

在具体撰写时，有以下步骤：

第一步，结合教材列出单元学习内容。

第二步，结合纲要目标确定单元教学内容（遵循学生主要认知规律调整单元呈现顺序，删除重复的、不必要的、不符合课程标准的内容）。

第三步，对照纲要目标查找单元教学内容漏项，补充教学资源。

（四）如何设计课程实施

设计课程实施应从教学方式、学习方式、实施手段（条件）、课时安排、练习（活动）安排等 5 个方面进行全盘考虑。不但要让教师明白要开展什么活动，更要让学生明白这个学期要做哪几件事。要结合学习资源，从学生的视角来安排一个学期的活动。

重点确保三个方面：第一，规划好课程资源；第二，设计好学习活动；第三，选择好与目标相匹配的教与学的方法。

（五）如何构建课程评价体系

课程评价的设计要做到：评价框架（评什么、怎么评、谁来评）的设计与结果解释与目标匹配，成绩结构及来源（过程与结果）清楚，课程纲要中的评价是贯穿整个学期的评价，要起到导向作用。

具体撰写要求如下：

第一，评价框架要明确。这个评价框架（评什么、怎么评、谁来评）的设计与结果解释要与目标匹配。

第二，要针对每一项实施活动设计相应的评价标准，让学生明白做到这样可以得到几个学分，从而完成活动，达到目标。

第三，成绩结构与来源要清楚。学期总评成绩主要包括过程性评价成绩和期末考试成绩，如学期总评成绩（100 分）= 过程性评价成绩（30 分）+ 期末考试成绩（70 分），总评成绩 90—100 分为优秀，75—89 分为良好，60—74 分为合格，不足 60 分为不合格。过程性评价包括学生每次的作业情况、课堂回答问题情况及期中测试成绩，要体现对纸笔测验无法涉及的学科目标的关注。期末考试要告知学生不及格的理由，以及相关补修、补考政策。

四、课程纲要编撰的几点要求

1. 必须认真学习和研究《课程标准》、学材，准确把握课程的地位和价值，明确学期的课程安排与整个课程安排之间的逻辑关系，处理好课程目标、课程内容、课程实施、课程评价等四个课程元素。

2. 要分析学情，详细了解学生的已有知识和学习经验，以学生学习为中心编制课程纲要，让学生感到自己就是学习责任的承担者。

3. 课程纲要一旦形成，就应该成为学科教学的纲领。每一课时的教学应依据课程纲要来设计，使学科教学、学生学习、教学评价围绕课程纲要形成一个有机的整体。

4. 新学期第一节课，教师应与学生交流分享本学期学科的课程纲要，让学生清楚地知道本学期的课程教学计划以及评价形式等，以激发学生的学习积极性。学期结束时，教师应根据课程实施情况，特别是学生的反映和意见，对课程纲要进行修改完善，形成校本材料。

4 如何撰写适合学期且符合《课程标准》的课程纲要

杨 妹

一、撰写课程纲要的前期工作

我们在撰写课程纲要时，必须考虑课程的目标、相应的课时、学生背景、课程组织、实施的条件、学生评价以及各方面的总体协调等情况。鉴于这些，我们在前期需要做大量的准备工作，首先就是罗列出每册书中的知识点，然后再针对知识点从课标中找出相对应的条日，最后才制定适合本学期且符合课标的课程纲要。

二、呈现课程纲要的一个案例

课程纲要的撰写有一定的要求，它必须包括一定的要素，为了更好地说明课程纲要的撰写，我们不妨从课程纲要的构成要素着手。

组成课程纲要的要素包括以下几点：第一，一般项目：学校名称、课程类型、设计教师、日期、适用年级、课时、学校。第二，课程元素：课程目标、课程内容、课程实施、课程评价。第三，所需条件：为顺利实施该课程所需要的条件。撰写课程纲要的关键环节是处理好四个课程元素。课程目标是构成课程内涵的第一要素，制定目标的依据是对学生的研究、对课程标准的理解以及对教材及其他资源的分析，具体的撰写要求有：必须全面、适当、清晰；一般用4—6条目标来描述。教材及其他资源的背景分析则针对教材的内容及相关的资源，它要求教师从总体上把握教材内容的难点、重点等，并要求教师明确所需相关学习资源是否具备。学习主题/活动安排则需要教师确定教学活动是如何组织、实施的，其要求包括：重点突出，按从易到难排序；明确描述选择的内容与怎样组织这些内容，或安排什么样的活动。有效性评价应当既包括学的评价，也包括教的评价，教师要确认评价的内容与评价方式或手段。

制定目标之前要先进行背景分析，背景分析不能写得过于笼统，要尽量凸显年级特色，要依据课标、教材和学情进行分析。写一段，最好不超过500字，主要从四个方面陈述：学生已经学了什么？《课程标准》的主要要求是什么？教材的情况如何？本学期的教学理念如何？为了使大家更好地理解课程纲要的呈现形式，笔者以小学数学五年级下学期课程纲要作为案例，以供参考。

（一）课程目标的撰写

在撰写课程纲要之前，我们首先找出这一学段的《课程标准》，再针对单元目录找出相应的课标内容，这样便于更好地进行基于课标的有计划、有目的的教学。

找准学段目标：第二学段（4—6年级）。

对全册教学目标的剖析，一方面要关注教材的具体教学内容，另一方面要从课标中找到根据，从课标的“第二部分”的“总目标”和“学段目标”中，以及“第三部分”的“课程内容”中，找到与教学内容对应的课程目标。虽然确定好了学段，但是我们还要对两个学段进行比较，看看有什么区别与联系。以“数与代数”为例，课标在“课程目标”的“学段目标”中对“数与代数”提出了不同的要求。第一学段要求“经历从日常生活中抽象出数的过程，理解万以内数的意义，初步认识分数和小数；理解常见的量；体会四则运算的意义，掌握必要的运算技能；在具体情境中，能进行简单的估算”。第二学段则在此基础上强调要“体验从具体情境中抽象出数的过程，认识万以上的数；理解分数、小数、百分数的意义，了解负数的意义；掌握必要的运算技能；理解估算的意义；能用方程表示简单的数量关系，能解简单的方程”。

两个学段的相同之处在于：重视对数的意义的理解，培养学生的数感和符号意识；重视在具体情境中去体验、理解有关知识。重视让学生参与学习活动，经历学的过程。不同之处在于：第一学段是基础，第二学段是提升与深化，两个学段的同一内容是由浅入深、由直观到抽象的认识过程，不仅在提法上加入了一些新的元素，而且在内容上提出了一些具体目标。如果说第一学段是让学生“知其然”，那么第二学段就是让学生“知其所以然”。

那么，我们怎样才能真正有效地实现知识技能目标在第一、第二学段的衔接，让学生在学习过程中得到逐步提升呢？这就需要我们从整体上把握，体现连贯性；分段施教，明确发展性；重视学情，凸显教育性。鉴于以上思考，初步制定出本学期的课程目标。

1. 数与代数：

（1）通过具体情境，能理解百分数、税率、折扣与利息的意义，能正确计算和实际应用；会进行百分数、分数和小数的互化。

(2) 结合具体情境，理解比例、正比例、反比例、比例尺的意义和性质，会解比例，能正确判断成正比例、反比例的量，能根据数据在有坐标轴的方格纸上画图，会用比例知识解决实际问题。

2. 空间与图形：通过观察、操作等方法，认识圆、圆柱和圆锥，会用工具画圆，会正确解答圆的周长、面积，圆柱的表面积、体积，圆锥的体积及其应用。

（二）课程内容的制定

主要是时间和课时节数的安排，相当于以前教学计划的课时安排部分。

我们在制定时可以根据自己的需要合理调整不同章节的先后顺序。比如第一单元学习圆，第四单元学习圆柱和圆锥，这两个单元也可以放在一起教学，这样安排有助于学生利用知识迁移学习新知。

（三）课程实施建议

可以从课程资源和实施策略两方面入手，实施策略可以从以下四个方面考虑：学案、基本的教学方式、基本的学习方式和课外拓展性练习。

（四）课程评价

《课程标准》中指出，评价的主要目的是全面了解学生数学学习的过程和结果，激励学生学习和改进教师教学。评价应以课程目标和课程内容为依据，体现数学课程的基本理念，全面评价学生在知识技能、数学思考、问题解决和情感、态度等方面的表现。

评价不仅要关注学生的学习结果，更要关注学生在学习过程中的发展和变化。应采用多样化的评价方式，恰当呈现并合理利用评价结果，发挥评价的激励作用，保护学生的自尊心和自信心。通过评价得到的信息，可以了解学生数学学习达到的水平和存在的问题，帮助教师进行总结与反思，以便调整和改进教学内容和教学过程。《课程标准》给了我们七条建议：

1. 基础知识和基本技能的评价。
2. 数学思考和问题解决的评价。
3. 情感态度的评价。
4. 注重对学生数学学习过程的评价。
5. 体现评价主体的多元化和评价方式的多样化。
6. 恰当地呈现和利用评价结果。
7. 合理设计与实施书面测验。

根据《课程标准》的建议，笔者制定出本册的课程评价。

评价不仅要多样化，还要贴近实际生活。《课程标准》指出，通过义务教育阶段的数学学习，学生能获得适应社会生活和进一步发展所必需的数学的基础知识、基本技能、基本思想、基本活动经验。基本思想和基本活动经验不是传统评价题目所具有的，我们需要改变评价试题的呈现方式、问题情境的设计和生活素材的引进，从而把握学生对基础知识的理解和基本技能的掌握程度。数学课堂应让学生主动参与，经历知识的形成过程，让学生“知其然”更“知其所以然”。例如，学完“万以内数的认识”，为了考查“学生能用数表示物体的个数或事物的顺序和位置，以及 10 个 100 是 1000，10 个 1000 是 10000”等知识，出了这样一系列的题目：

（1）100 张纸的厚度约是 1 厘米，10000 张纸的厚度约是（　　）厘米。

（2）A 点在 0 和 10000 之间（如下图所示），A 点大约是（　　）。

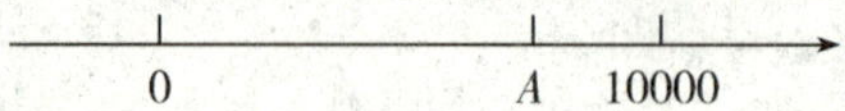

①2500　　②5000　　③7500　　④9000

第（1）题的设计意图是考查计算单位间的进率、估算以及合情推理。学生可能使用的方法有：

①100 张纸的厚度大约是 1 厘米，那么可以知道 1000 张纸的厚度大约是 10 厘米，10000 张纸的厚度大约是 100 厘米。

②直接用 100 ×（　　）= 10000，有多少个 100 就有多少厘米。

③如果把 100 张纸换成 1 张，实际就是求 100 张的厚度。1 张纸的厚度大约是 1 厘米，那么 100 张纸的厚度就是 100 厘米。这是一种假设的思想，也是简约化的体现。

还有个类似的问题，就是我们毕业考试里的填空题，有关 2 亿的受贿款额的题目。好多学生忽略了 100 张人民币是 1 厘米这一条件。

第（2）题主要评价学生对数序和位置的理解，同时考查了学生对数的概念的理解和数感。

由此可以看出，评价方式的变化直接影响教学行为的变化。因此，评价不能滞后，应该与新课程的理念同步。

5 如何基于《课程标准》设计课时教案

——以鲁科版《英语》五年级下册

"Unit6 Lesson1 What are you going to do this summer holiday?" 为例

李 娇

课堂原本是打靶，我们却经常在打猎。打靶的靶心就是我们的教学目标，打猎则没有目标，随机性较大。那么，我们如何才能让《课程标准》在我们的课堂上落地呢？下面笔着将以鲁科版《英语》五年级下册"Unit6 Lesson 1What are you going to do this summer holiday?"为例，说明小学英语如何进行基于标准的教学设计。

一、学习目标的确定与叙写

要确定学习目标，首先可在课标中找到与该主题相关的内容标准，然后通过课标分解技术，确定具体、准确、适切的学习目标。本课目标的确定与叙写过程如下：

（一）与该主题相关的内容标准之一

学习并运用有关本课话题范围的 7 个单词。

（二）内容标准分析

1．学习内容：

单词"plan，storybook，painting，sound，camp，must，travel"。

2．内容的学习深度：

能够听懂、认读"plan，storybook，painting，sound，camp，must，travel"这些单词，发音准确，能够规范书写，并能在具体的情境中运用。

（三）教材分析

本课教材为内容标准中要求的“学习并运用有关本课话题范围的 7 个单词”提供了感知理解的情境，课堂上教师需为学生创设拓展运用的情境。

（四）学生情况分析

五年级已经具备了基本的自然拼读能力与模仿跟读能力，为本课自主学习单词奠定了能力基础。

综合课标、教材以及学情的分析，最终确定的三维学习目标是：通过课前预习、课上与同伴交流、情境中操练，能听懂、认读单词“plan，storybook，painting，sound，camp，must，travel”，并能在具体情境中用这些词准确地表达。

二、依据目标设计评价任务

如何有效地落实课堂学习目标？威金斯等人开发了“逆向设计”，将评价先于教学活动设计。国内一些教育者也提出了“教师应学会评价再学习上课”的观点。设计好“学习目标”与“学习评价”这两个端点再去画学习活动这条线，很容易画直，避免了很多弯路。

评价任务中的内容安排要与学习目标保持一致，知识技能目标与过程方法目标要对应设定相应的具有代表性的评价任务。情感、态度、价值观目标的达成不是一节课所能完成的，因此，在课堂学习评价中可以不设定这方面的评价任务。

本课基于“学习目标 1”设计的评价任务如下：

（一）任务名称

看图说词后听音排序。

（二）任务描述与过程

1. 看图，指名说出关键词。

2. 教师用点读笔点击带有本课新单词的句子，学生在学案的相应图片下标注顺序。

3. 再听一遍：边听边说出关键词，逐幅图进行评价。

（三）设计分析

看图说出关键词，检测会说单词的目标以及能在具体情境中用这些词准确表达的目标；听音排序，检测听懂的目标。单词的认读目标检测放在课文朗读环节。

三、依据目标设计教学活动

确定与叙写完学习目标并完成评价任务设计之后，就进入了教学活动设计环节。教学活动设计以达成学习目标为设计原则。基于标准的教学活动在教学理念、内容安排、组织方式等方面，强调了学生学习的主体地位，强调了教学活动与学生生活的贴近，强调了合作的学习方式。

基于以上考虑，本课目标1的教学活动设计如下：

（一）Pre－studying（课前）

1. 运用自然拼读法或通过听录音跟读，读下列单词，会读的用“○”圈出来。

plan，storybook，painting，sound，camp，must，travel

2. 做出本课的单词卡片，会读的与不会读的单词用不同的颜色标注。

设计分析：为学生创设运用自然拼读的机会，提高学生模仿录音的能力及自主学习的能力。为达成听懂、认读单词的目标作铺垫。

（二）Studying（课上）

Step 1：合作交流预习成果。

1. 展示：每个小组成员用自己做的单词卡片领读自己会的单词。
2. 互助：有不会单词的同学主动求教会的同学。经过求教会读的单词在卡片上用“√”标注。
3. 汇总：组长汇总出本小组同学不会读的单词，并把单词卡片交给老师。
4. 老师领读难点单词。

Step 2：看图说词后听音排序。

设计分析：根据评价反馈信息，有所侧重地在下面的“图片环游”环节进行单词教学与操练。

《课程标准》是我国第八次课程改革的一个亮点，它阐述了全新的教学理念，赋予了教师更多的教学自主权，它是我们教学的依据。作为教师，要在实践中领会、渗透基于标准教学的理念，加强专业学习，将《课程标准》应用于教学实践中，让课程标准在我们的课堂上落地。只有这样，我们的教学才能从打猎转向打靶。基于标准的教学设计，才能在教学中游刃有余地实现教、学、评一体化。

6 如何分解《语文课程标准》（2011 版）的目标与内容

——以“识字与写字”部分为例

刘 静

2011 年，教育部颁布并实施了新的《小学语文课程标准》，强调识字、写字是阅读和写作的基础，是一、二年级的教学重点，也是贯穿整个义务教育阶段的重要教学内容。

结合语文老师的日常教学，我们时常反思这样几个问题：我们平时是怎样备课的？我们怎样设置一堂课的识字、写字目标？如何让识字、写字目标落实到我们的语文课堂上？这就需要我们一线的语文教师学习识字、写字《课程标准》的分解技术。如何掌握识字、写字部分课标的分解技术，需要做好三个步骤。

一、摘录总目标，设计从总目标到课时目标的表格

《课程标准》明确提出识字、写字的总目标是：“认识 3500 个左右的常用汉字，能正确工整地书写汉字，并有一定的速度。”在出示总目标之后，课标又分三个学段，制定了识字、写字的学段目标。

识字、写字课标内容只是涉及到了学段，无法直接用到年级，这中间缺少桥梁。这座桥梁就是如何把学段目标分解到年级甚至学期中。

为了让研究的方向更聚焦，可以把识字、写字课标分项来研究。在我们分解学段目标—年级目标的过程中，可以设计分解的表格工具。我们学校的语文老师经过三次集中研讨，研制了“课标内容—年级内容—教学评价—教学建议”的分解项目表格。通过表格，可以一目了然地看出课程标准是怎样从学段内容标准落实到每一堂课中的。

二、摘录识字写字课程目标，梳理出课标核心内容

在摘录识字《课程标准》的过程中，我们发现语文的识字课标都包含这几个核心内容：识字的情感、态度、数量、方法等。所以，把识字的核心内容进行分解，就可以把每个学段的目标落实到每个年级中。通过把核心内容进行聚焦，可以看到不同学段的要求的差异。

用同样的方法，也可以梳理出写字的核心内容：写字数量、书写工具、书写习惯。这样，分解第一步就完成了，把识字、写字目标分为六条核心内容。

三、结合年级特点对具体核心内容进行解读

（一）以识字情感、态度等课标内容的分解技术为例

第一学段：喜欢学习汉字，有主动识字、写字的愿望。第二学段：对学习汉字有浓厚的兴趣，养成主动识字的习惯。课标把识字的情感、态度，放在第一、二学段的目标首位，说明了“培养识字兴趣”的重要性。而“识字兴趣”是不好测量的，是伴随着识字的方法和过程培养起来的。作为一名语文教师，必须“进一步研究小学识字教学规律，包括学生的学习认知规律和汉字本身的规律”，通过“有图像、有故事”的识字活动，提高学生的识字兴趣和能力。

通过什么样的识字活动来培养学生的识字兴趣呢？我们依据语文课程进行了分解。一年级上学期识字态度分解目标：在教师的指导下，积极参与多样化的识字活动（字卡、字谜、儿歌），有学习汉字的兴趣；在生活中，对实物名称所对应的汉字感到好奇，通过求助老师、家长或书籍，主动尝试识记。一年级下学期识字态度分解目标：积极参与校内各种形式的识字活动，课上借助图文、拼音、绘本、象形、归类等多种方式主动识字，课下积极进行生活识字。

（二）以写字数量目标的分解技术为例

第一学段：认识常用汉字1600个左右，其中800个左右会写。第二学段：累计认识常用汉字2500个左右，其中1600个左右会写。第三学段：累计认识常用汉字3000个左右，其中2500个左右会写。我们可以看出课标对识字、写字的数量要求分到了学段，结合语文教材，我们对识字、写字的数量进行了分解，分解到了每个年级的两个学期。

结合鲁教版小学语文教材，让写字课标落地到每个年级的每个学期。

第一学段：生字从160个到290个到380个再到330个，累计1160个。第二学

段：生字从 315 个到 314 个到 220 个再到 190 个，累计 2199 个。第三学段：生字从 150 个到 120 个，累计 2469 个。从一年级到三年级，写字数量逐年增加；四年级与五年级，写字数量开始减少。四年级与五年级时，虽然写字数量减少了，但是对书写内容和书写速度的要求却在提高。

（三）以汉字的基本笔画和常用的偏旁部首的课标分解为例

结合学生的学情和鲁教版教材的特点，可以把汉字的基本笔画目标分解为：

一年级上学期：学习汉字的基本笔画 22 个和常用的偏旁部首 25 种；学习理解汉字的基本笔顺规则，一笔一画地写字；认识田字格，用铅笔写字，做到横平竖直，注意间架结构。

一年级下学期：继续学习汉字常用的偏旁部首 28 种；在田字格里书写汉字，能做到横平竖直、笔画到位，不随意改变字的相对位置。

在课标分解的过程中，需要语文老师们掌握一定的课标分解技术，依据每堂课的教学目标，把《课程标准》目标落实为课堂学习目标，这样才能让课标真正指导我们的语文课堂，让语文教学走向更加规范、更加专业的道路。

7 如何分解《语文课程标准》（2011 版）的“目标与内容”

——以“综合性学习”为例

徐 磊

2001 年 7 月教育部颁布的《全日制义务教育语文课程标准（实验稿）》把“综合性学习”纳入语文课程体系，与“识字与写字”“阅读”“写作”“口语交际”相并列，从此，综合性学习理念进入语文课程领域，并构成语文教育各个学段课程改革的重要内容。

《语文课程标准》规定的语文综合性学习的根本目标是“学生在感兴趣的自主活动中全面提高语文素养”。我们知道，教学目标是一切教学活动的出发点和最终归宿，而教学目标又源于《课程标准》。所以，要进行基于标准的综合性学习，首先要制定科学适切的课时目标。在基于标准的教学实践中，我们结合课标、学情、教学内容等，对此项内容进行了探索。

《语文课程标准》第二部分“课程目标与内容”中有这样的要求：能主动进行探究性学习，在实践中学习和运用语文；初步具备搜集和处理信息的能力等。这是综合性学习的总体目标。在教学中如何更好地落实这一目标，需要我们去解读课标。

首先，内化《课程标准》。整体把握综合性学习的总目标是分学段、年级、学期、课时的基础。四个学段中都有综合性学习的学段目标，总目标与学段之间、学段与学段之间也不是一一对应的关系。在分解课标前，我们通过认真学习综合性学习的相关理论和《课程标准》，准确把握综合性学习的目标，以此为基础建构自我认识的概念、观念体系，并用于解决问题。

其次，简化《课程标准》。目标被简化的水平，反映了教师对教学内容的内化水平，同时它还是实现目标意义化的重要途径和手段。所以，教学目标的简化，不是一个形式问题，它是对教学的“魂”的把握。有了这个“魂”，教学才有中心和重点，教师和学生才能够确信他们教的是什么、学的是什么。

再次，梳理《课程标准》。我们把《语文课程标准》中对各学段综合性学习的总要求从课标中摘出，以表格的形式梳理呈现，以便进一步学习、分析。在总目标的基础上，我们进行了认真的梳理和归纳，拎出四条主线（问题主线、观察主线、资料主线、表达主线），突出两个重点（活动重点、合作重点），以便老师们在基于标准的教学中，按照教、学、评的要求组织教学。这样，不同年级的老师们在教学设计中，可以针对不同学段、不同年级直接抽取综合性学习目标，进行课堂教学目标定位，从而更科学地设计教学活动。

	第一学段（1—2 年级）	第二学段（3—4 年级）	第三学段（5—6 年级）
问题主线	能就感兴趣的内容提出问题	能提出学习和生活中的问题；尝试运用语文知识和能力解决简单问题	解决与学习和生活相关的问题
观察主线	结合语文学习，观察大自然	结合语文学习，观察大自然，观察社会	关注自己身边的、大家共同的问题，或电视、电影中的故事和形象
资料主线	课内外阅读	有目的地搜集资料	初步了解查找资料、运用资料的基本方法
表达主线	用口头或图文等方式表达自己的观察所得； 用口头或图文等方式表达自己的见闻和想法	用书面或口头方式表达自己的观察所得	尝试写简单的研究报告；学写活动计划和活动总结；专题演讲
活动重点	热心参加校园、社区活动	能在老师的指导下组织有趣味的语文活动，在活动中学习语文	策划简单的校园活动和社会活动
合作重点	共同讨论	共同讨论，学会合作	对所策划的主题进行讨论和分析；组织讨论

最后，叙写课时目标。课时目标是课程目标的下位目标，是某节课依据《课程标准》、围绕有关教材内容必须要达到的具体学习结果，主要描述学习者经过学习后预期产生的行为变化，教学目标比《课程标准》更具体，且更具有可操作性。叙写教学目标的基本步骤如下：第一步，列出该课时《课程标准》所要求的具体内容，即相关课标的陈述。第二步，确认标准所要求达到的能力要求。第三步，依据《课程标准》和教材，确认“行为动词”“行为条件”“认知内容”。第四步，依据学情，设计出每个点的学习结果（行为结果），即学到什么程度。第五步，叙写出完整的教学目标。

语文综合性学习，集中体现了《语文课程标准》关于“全面提高学生的语文素养，正确把握语文教育的特点”的新理念。要使语文综合性学习真正实现其价值，就要在了解其内涵特征的基础上，准确把握其本质属性及目标定位，并在此基础上科学适切地制定每一堂课的课时目标。只有这样，语文综合性学习才会在实践领域取得实质性的进展，落实新课改的初衷。

8　基于《课程标准》的小学生讲故事能力阶梯式有序培养目标分解

党东昉

在日常生活中，每个人都要经常与人交流，交流的主要手段，就是口语。加强口语交际能力的训练和培养是小学语文教学的重要任务，是提高小学生素养的重要组成部分。据《现代汉语词典》，讲述是口语表达的一种重要形式，就是把事情或道理讲出来。这无疑是一种非常重要的口语交际能力。在小学阶段，如何培养学生的讲述能力呢？

一、循标求解

《义务教育语文课程标准》对口语交际教学目标内容的要求，在四个学段中均有涉及，围绕着讲述能力，主要提到了“复述”“转述”“讲述见闻”“讲述故事”等内容。综合分析以上要求，我们认为，做好讲述故事能力的训练，可以有效促进学生讲述能力的提升。对故事的讲述能力，课标提出了如下的要求：

第一学段第4条：“能较完整地讲述小故事。”

第二学段第3条：“讲述故事力求具体生动。”

这两条都提到了“讲述”，要求学生学会讲故事，第一学段的要求是“较完整”，第二学段的要求是“具体生动”。综观这两条要求，不论是“较完整”，还是“具体生动”，主要侧重于对“故事”的要求，对“讲述”本身没有提及。

二、依理寻源

在依照课标无法完整地梳理出小学生的故事讲述能力的教学要求时，我们把视线转向了讲述的上位概念——口语交际，试图通过“口语交际”这一概念的一般规律推导出“讲述”这一特殊口语形式的教学规律。

华东师范大学硕士研究生邱娟飞在《小学语文口语交际教学现状及对策研究》中综合了多位专家的观点并认为，口语交际能力由以下要素构成：一是基础要素，各项口语交际技能共同的构成要素有言语的感知、记忆和理解能力，发音能力，文化背景，与人交往的兴趣等。二是高级要素，主要有言语的组织和创造能力，思维的敏感性、条理性和深刻性，对话题和情景的把握能力，临场应变能力，平等待人的习惯，自然适度的体态语言等。不论是基础要素，还是高级要素，其中的任何一项对一个发展中的小学生来说是有层次性的。作为口语交际的一种讲述，其要素构成也大致如此。

在课堂教学实践中，这些要素也是非常值得重视的。祝禧在《语文教学通讯》中发表了一篇题为《讲述与聆听：儿童文学生活的一种方式》的文章，认为讲述是口头艺术，不只是一种方法。教学中，依据一年级儿童的年龄特点，教师应是主要讲述者，所以要设置合适的讲述场景与图画背景，让儿童能看到“你”的存在，听到“你”的语气、语感、语调，看到“你”的表情、神态、动作，与儿童进行眼神的交流、情感的交流、心灵的交流。

三、依标理序

《课程标准》指出，学生生理、心理以及语言能力的发展具有阶段性特征，不同内容的教学也有各自的规律，应该根据不同学段学生的特点和不同的教学内容，采取合适的教学策略，促进学生语文素养的整体提高。

就小学阶段来说，讲述能力的培养需要重点关注以下两大方面的要素：一是语言要素，如观点的明确性，言语的条理性、生动性和机动性；二是非语言要素，如发音水平、体态语言、交际态度等。那么，讲述能力的培养，如何合理安排学段甚至年级（学期）间的教学顺序呢？我们将口语交际中涉及讲故事的课标条目进行了分解，以期实现目标落地。

学段	课标条目	核心内容	年级	目标分解
第一学段	能较完整地讲述小故事	讲述故事	一年级	1. 学讲普通话。 2. 能借助图片，用几句连贯的话讲出图片上的故事内容，故事情节力图完整。 3. 讲述故事时，声音洪亮，体态自然。
			二年级	1. 坚持讲普通话，能用普通话与人交流，意思清楚，语句连贯。 2. 能完整地讲述小故事，做到故事情节完整，初步遵循故事本身的逻辑顺序进行讲述。
第二学段	讲述故事力求具体生动	讲述故事	三年级	1. 与人交流习惯于用普通话。 2. 能具体地讲述所学过的故事内容。 3. 关注他人的反应，并能根据反应调整语言内容和方式。 4. 有一定的规范语言意识，语句表述基本准确、到位，能使用态势语言。
			四年级	1. 能生动地讲述具有一定情节的故事，并有意突出重要情节。 2. 语言规范意识强，语句表述较准确，能使用体态语言。
第三学段	无	讲述故事	五年级	1. 能具体生动地讲述情节较复杂的故事。 2. 规范语言意识强，交际时语言得体。语句表述准确、到位，能适当用体态语言。

这样，我们可以通过对以上要素的年级程度区分来确定相关目标，教师可以依据目标进行相关的教学活动设计，做到心中有课标，却不仅仅靠课标，真正把基于课标的教学理念落实到实际教学中去。

9 基于《课程标准》的教学活动设计

于红梅

基于标准的教学设计是一种逆向设计模式。那什么是逆向设计？逆向设计是一种面向目标的设计，是预先考虑学习评价的设计。逆向设计要求教师在开始设计教学活动、组织单元学习时，先确立学习目标，然后紧接着考虑学习评价的问题。这种设计方式有别于传统教学设计中将评价置于最后考虑的设计。

逆向设计的过程分为三步：确定预期的学习目标，制定如何证明学生实现了学习目标的手段与措施，安排各种教学活动；指导学习活动；达成学习目标。

第一步：基于标准确定学习目标

学习目标源于《课程标准》——我要把学生带到哪里去？

开展逆向教学设计的第一步就要思考几个问题：学习目标是什么？通过教学活动的开展，学生应该知道什么？在这一步骤中，教师要对已有的《课程标准》进行充分的考虑，同时也要依据学生的学习特点，界定符合《课程标准》的要求，确定适合当前学生学习需要的目标。

在这一过程中，必须要结合单元目标、教材内容、学情分析，最终确定学习目标和学习重、难点。学习目标的制定要准确、清晰、可操作、可评价，因为它影响着教学活动的展开和对学习结果的评价。

第二步：基于目标进行评价设计

评价设计先于教学设计——我如何知道学生已经到哪里了？

逆向教学设计的第二步就是依据学习目标设计学习评价，即教师如何知道在学生身上是否已实现了预期的学习结果？如何证明学生们掌握和理解了相关的内容？教学活动设计前，有目的地设计学习评价，可以帮助教师带着问题思考教学，通过评价来促进教学，确保预期的学习效果，避免教学流于形式或“走过场”的现象。

评价任务不等同于教学任务，也不等同于课后作业，它有着明确的指向性，引领教与学。它不仅为教师了解自己的教学效果提供依据，还为学生了解自己的学习情况提供证据。有了评价，无论是教还是学，都更具方向感。能有效检测学习目标达成度的评价任务必须符合三条标准：与目标匹配、看得明白、具有可行性。

第三步：基于目标规划教学过程

设计适当的学习活动——我如何安排教学过程，以便于学生有更好的表现、顺利实现目标，也有利于我了解学生学到了什么？

逆向教学设计的第三步是安排明确的教学活动计划，在这个过程中需要考虑的问题有：创设教学活动的现实依据；恰当安排活动内容，帮助学生有效地达成预期的学习目标；组织教学活动，使其得以更好地实施。

《课程标准》对组织教学活动的建议是：教学活动要突出学生的主体地位，要体现合作学习，要贴近学生的生活。

在基于标准的教学设计中，学习目标、评价设计与学习活动（即教学过程）是教学设计的三个组成部分。学习目标回答“要到哪里去”，评价设计回答“如何证明我们已经到了那里”，学习活动回答“如何到那里去”，三者是一个整体，在学习活动设计中，要注意目标、评价和教学的一致性。

在这一环节，最关键的问题有三个：一是自始至终把目标当作一节课的灵魂，教学的关键行为都应指向目标的达成；二是把教的过程与评的过程相结合，不断了解学生学到了什么程度，不断做出后续基于证据的教学决策；三是处理好预设与生成的问题，预设是前提、是底线、是经验，而生成是必然、是机智。

按照以上三步做法，教师将《课程标准》、课堂学习评价、课堂教学统一起来，从整体上来考虑课程与教学，最终就能形成完整的基于标准的教学设计。

当然，逆向教学设计并不是简单的线性设计过程，它同样也需要教学实施过程中的不断调整和完善，以适应当时的教学环境，达成预期的学习结果。

10 “教、学、评”一致性在课堂教学中的运用与实践

——《扇形统计图》磨课反思

孔祥博

课堂教学“有效”的证据在于目标的达成。“教、学、评”一致性的理论依据是教学、学习、评价是否都是围绕共享的目标展开的，清晰的学习目标是“教、学、评”一致性的前提，它的实质就是保证课堂上的“所教即所学，所学即所评，所教即所评”，从而检测目标的达成情况，确保教学的有效性。

那么，学习目标从何而来？是从教参中抄来的，还是教学经验丰富的老师臆想出来的？都不是。学习目标应该体现国家意志，特别是在国家提出“核心素养”的背景下，我们更应该慎重地分析每一节课的学习目标“是什么”“为什么是”的问题。目标的制定需要一个理性分析的过程，它不是简单的教学经验的解读，也正因如此，“教、学、评”一致性的理论要求学习目标的来源：从课标中来、从教材中来、从学生中来。

2011 版的新《课程标准》将原来的“统计观念”更名为“数据分析观念”，点明了统计的核心是数据分析，所以，“扇形统计图”的教学目标不是计算和画图，而是将数据与图形的结合进行分析。同时，在内容标准中有明确的描述：“认识扇形统计图。”“能解释统计的结果，根据结果做出简单的判断和预测。”“感受随机现象发生可能性的大小，能对一些简单的随机现象发生的可能性做出定性描述。”“了解所学知识间的联系。”这些都将成为制定具体的学习目标的素材。“扇形统计图”是整个小学阶段有关统计教学的最后一课、守关之课，在此之前，学生在认识条形统计图和折线统计图等内容时，已经积累了大量有关统计的生活经验、知识经验和思维经验，所以，本节课不应该简单地停留在认识这一层面，它还承载着对整个小学阶段统计教学进行梳理与总结的重担。另外，相当一部分学生在报刊、电视、网

络上看到过扇形统计图，对其有初步的感知，但从没有对扇形统计图进行过分析，因此，本节课应重视对扇形统计图描述的信息进行简单的分析，提出并解决简单的实际问题，加深对百分数意义的理解，体会扇形统计图自身的特点及描述数据时方式的多样性，培养学生的数据分析意识和数据分析观念。基于以上对课标、教材和学情的分析，特制定本节课的学习目标如下：（1）能在具体情境中认识扇形统计图，解释其各组成部分的实际意义。（2）通过对比，深化理解扇形统计图的内涵，能够做出判断和预测，培养数据分析观念。（3）梳理三类统计图的特点，能够根据情景选择运用。

学习目标是教学设计的起点，更是归宿。为了检测目标的达成，就应该有与之相匹配的评价设计，因此评价任务的设计先于教学活动的设计，也就是“逆设计”的过程。这里的评价并不单单是传统意义上的“巩固练习”，不是“对学习的评价”，不是在“教”与“学”之后的第三个环节，而是更倾向于任务驱动式的表现性评价，是“为学习的评价”，是“教”“学”“评”紧密交融、相互促进的评价。只有将传统意义上的评价认知转型、评价素养提高，才能真正地将评价“镶嵌”于教学中，发挥评价类似齿轮的驱动教学的作用。本节课的三个评价任务与三则目标一致，通过对具体问题的分析，在对比中锻炼学生的数据分析能力，同时使学生进一步深化理解扇形统计图的内涵，感受统计的随机现象和单位变化所带来的不确定性。在与条形统计图和折线统计进行区分的过程中，引导学生了解三种统计图的特点和价值，辩证地看待问题，将自己的思考与实际问题融合起来，审慎地做出判断，在选择中明晰不同统计图的特点，既培养了学生的数据分析观念，也渗透了“统计图没有好坏之分，只有合适与不合适的区别”的观点，从而对整个小学阶段有关统计图的内容进行了重新整理和加深。看似是教学活动的推进，实则是将评价嵌入到活动中，通过评价催生学习信息，通过学习信息研判学情，通过学情调度活动进程，从而保证目标的达成。

“教、学、评”的一致性，实质上是让我们以整体的眼光去看待“学什么”“为什么学”“怎样学”“学到何种程度”的问题，它让目标的指引成为可能，而不是“躺在”教案中的“一纸空谈”。

11 小学低年级学生英语课外阅读新模式

——基于《课程标准》的“交互式阅读”

张铭琛

大量的阅读，既可以扩大学生的词汇量，又可以使学生在阅读过程中了解英、美等国的文化背景、生活习俗、思维习惯及英语语言的特点，在阅读中开阔学生的视野，逐步培养学生的英语阅读理解能力，使学生养成良好的英语阅读习惯，具有正确的阅读技巧，拥有主动学习的能力和合作的精神，为终身学习打下基础。但是，小学阶段特别是低年级学生在开展英语阅读时又存在着诸多的问题，比如生词较多，小学生的词汇量还比较少，生词多了就会让他们产生畏惧感，失去阅读的信心；同时，低年级的学生阅读能力还很薄弱，缺乏阅读技巧和策略，导致阅读速度慢，阅读效率低。再加上没有环境的支持，学到的单词如果不能够在阅读中及时得到复习和应用，很快就会忘记。大多数家长的工作都比较忙，同时也因为是外语，怕自己教错了，因此很多学生无法得到正确的引导，英语阅读就成了摆设，无法深入地进行下去。这些都阻碍了小学低年级学生英语阅读的开展。从学生的角度而言，由于小学阶段的学生已经掌握了一定的词汇量，接触一种新的文化，迫不及待地想阅读更多的英文故事，以检验自己的学习成果。这就形成了矛盾，一边是孩子们的求知欲非常强烈，一边是阅读总是遇到障碍，丰富的英语绘本无法为孩子们所用。在不断的实践和探索中，我们找到了一种促进学生英语阅读的方法——“交互式”阅读，就是让学生在交流中互相学习，共同阅读，通过这种方式使单词不再成为孩子们阅读的主要障碍，同时在阅读的过程中更加有效地提高了《课程标准》中比较难以在课堂上实现的情感态度、学习策略以及文化意识等方面的能力，大大地提升了英语阅读水平。

一、“交互式阅读”的具体操作方法

（一）自读自悟，达到准确阅读

首先，老师要针对每一位同学的水平选择一本适合的英语绘本：对学习能力强的学生，可以推荐一本稍微难一点的绘本；而对学习能力弱一点的学生，可以推荐一本稍微简单一点的绘本。绘本以句子中有20%的生词量为最佳，既能让学生有兴趣读下去，又能够引起学生主动学习的积极性。对于绘本中的生词，老师可以教学生通过查词典、从网上查单词、询问家长、咨询老师等多种方式来学习，以便理解故事情节，并达到能够准确阅读英语绘本的内容的程度。

（二）熟练阅读，成为绘本老师

据最新研究表明：听别人讲过的知识只能掌握20%；如果是自己亲自操作，能够掌握50%；如果再能够给别人讲出来，则能掌握90%。让每一位同学在准确阅读的基础上达到熟练阅读的程度，这样，每位同学才能成为自己这本英语绘本的老师。同时，学生也会非常积极、认真地参与其中，以一种积极的心态来做这件事情。

（三）进行“交互式”阅读，在交流中相互学习

前面的两个环节都是为了这个环节来做准备的，通过对英语绘本内容的准确阅读（特别是生词的准确发音），充分理解绘本内容，每一位同学都成为了自己这本英语绘本的老师，这时就可以进行交换阅读了。同学们都是自己这本英语绘本的老师，可以教其他同学读这本绘本，同时也可以向其他同学请教，读其他同学手中的绘本。而且同学们可以根据自己的阅读情况来决定自己的阅读时间，喜欢的可以多拿出一些时间来读，简单的可以读完了再去找别的同学换。突破了词汇的障碍，学生在阅读中就不再只是关注词汇，而是关注到阅读内容本身，学生对阅读内容理解的准确性和速度都得到了提升，会更有热情地投入到阅读中来，体验到阅读带来的乐趣。

二、“交互式阅读”的作用

（一）在阅读中有效地提升了学生的语言知识技能、情感态度、学习策略以及文化意识

学生在课堂中所学到的语言知识需要通过大量的语言实践活动，才能形成综合语言运用能力，“交互式阅读”便成为学生相互学习、掌握知识的一种途径。学生

通过读绘本积累了语言知识，通过熟读理解了词句的应用，通过多读、多思、多想将知识真正内化。在绘本交换阅读的过程中，同学们的知识在不知不觉中得到了快速的积累，学习能力也在阅读中得到了大大的提高。

小学英语的目标不仅仅是让学生通过学习掌握知识与技能，更重要的是让学生保持对学习的兴趣，树立学好英语的信心，培养乐于与他人合作的精神，帮助学生学会如何克服困难，运用科学的方法提高学习效率，学会自主学习。而“交互式阅读”则让学生学会在自主阅读中遇到生词时去寻求老师、家长的帮助和借助信息技术等手段来解决问题；在交换绘本时，若他人需要帮助，主动去帮助别人，养成乐于助人的品格；在自己阅读他人绘本时，体会到与人合作、共同学习的乐趣。对学生而言，多与同学互动、交流、合作、学习，会慢慢树立学习的自信心，在与人交往中认识到自己学习上的不足，培养积极向上的心态。

大量的阅读是学生了解一种文化的重要途径。学生可以通过阅读绘本来感受、体验、理解来自不同地域的文化，多渠道、多方面地扩大学生的知识层面，帮助学生拓宽视野，进而培养他们的跨文化意识。

（二）“交互式”阅读促进核心素养的养成

“交互式阅读”通过相互交换英语绘本，在学习交流中给予了学生更大的自由支配空间，有利于培养学生自主学习的精神，提高学习的积极性和主动性；能够让学生积极投入到学习过程中去，不仅学会了知识，同时学会了很多的学习方法，如遇到问题如何寻求帮助、如何与同学共享学习成果等，促进了学生的心智发展，提高了学生的综合人文素养，更加有效地达成了《课程标准》的要求。

12 基于《课程标准》的零起点“交互式”英语阅读课程初探

张铭琛

任何语言的学习都需要大量的阅读，而阅读对于提升学生的思维品质、塑造良好的品格起着非常重要的作用。克拉生在《阅读的力量》中指出：阅读能够带动阅读者的心理活动（幸福感），提升智力和文化素养，提升自我认知能力、思辨能力和创新能力。《义务教育英语课程标准》中也明确规定了小学各年级阅读要达到的要求：一级目标要求学生能够在图片的帮助下读懂简单的小故事；二级目标要求学生借助图片能够读懂简单的故事或小短文，并能够养成按意群阅读的习惯，尝试阅读英语故事及其他英语课文读物。目前，国家规定的小学阶段的英语课时是三到五年级每周3课时，这样仅能将教材内容和练习册内容勉强讲完，英语阅读只能放在课外，鼓励学生自己进行阅读，老师针对不会的单词进行指导。但是，由于阅读中的单词不是教材中的单词，重复率比较低，时间一长就会忘记，而英语的课外阅读又不同于母语阅读，家长不能够随时地给予学生指导，阅读中的生词就成了学生继续读下去的绊脚石。要想达到《课程标准》中的目标，仅仅依靠现在小学生所学的教材是很难实现的，教材的材料和内容比较单一，机械的复现又容易让学生失去学习的兴趣，只有将所学到的知识放到新的情景中，放到新的阅读活动中，才能吸引学生，使学生保持持久的学习兴趣。通过大量的有趣的文本输入让学生在不断的阅读中提高阅读素养、开阔视野、提升阅读理解能力，养成良好的英语阅读习惯，会让学生一生受用。而在阅读中具有正确的阅读技巧，拥有主动学习的能力和合作的精神，也正是课标中所提出的要求。

如何能够让刚刚接触英语学习的小学生对阅读产生兴趣，在阅读中怎样有效地培养学生与他人合作的能力，让学生在遇到困难时能大胆地向他人求助，以及如何培养学生思考、主动探究的能力，我们在不断的探索中发现“交互式”英语阅读带给了我们不一样的惊喜。通过三种不同的交流和互动方式，“老师和学生”“学生和学生”“家长和学生”的互动课程使得零起点的学生也能慢慢地喜欢上英语阅读，并从中体验到阅读带来的快乐。

一、师生之间的“交互”

英语阅读书目中大量的生词是影响低年级的学生进行阅读的主要原因，而教材中学生学到的单词是有限的，因此只要能够循序渐进地增加学生的词汇量，也就打开了英语阅读的大门。而突破生词障碍最有效的方法就是教师在教材之外补充自然拼读法。在英美国家，自然拼读法贯穿于学前班到六年级的课本中，孩子们通过学习自然拼读知识，基本能够达到见词能读、听词能写，阅读也就自然而然地发生了。自然拼读法也是国际上公认的可以帮助孩子扩大词汇量、快速提高阅读能力的最简单、最快捷、最有效的方法。外研社出版的《小学自然拼读过关必备》以及《丽声唱学自然拼读》《丽声瑞格叔叔自然拼读法》等一系列自然拼读教材都不错。让学生通过学习字母与字母组合的发音，掌握拼读技巧，在经过反复的练习后，能够将单词的“音”与“形”结合起来，也就达到了“见词能读”，这时可以再配上与课程相适应的阅读书目，让学生在阅读中将学到的拼读规律及时地加以练习和应用。在进行了大量的拼读实践后，学生能够熟练地掌握自然拼读技能，能够迅速地将看到的字母和字母组合转化成发音，拼读出单词，阅读书目时的流畅度就会大大增加，从而提高阅读理解力。而随着阅读量的增加，学生积累的词语也会越来越多，英语学习就会逐渐形成良性循环。

二、生生之间的“交互”

让学生与学生通过相互交流来互相学习、共同阅读，在阅读中有效地提升语言知识技能、情感态度、学习策略以及文化意识等方面的能力。教师最好给每位学生选择一本适合其阅读水平的英语阅读书目，书目中的生词量以不超过 20% 为最佳，这样既能让学生有兴趣读下去，又能够引起学生主动学习的积极性。在交换绘本阅读的过程中，同学们通过学习、自主学习，各方面能力也在不知不觉中得到了相应的提高。

三、家校之间的“交互”

家庭与学校作为学生学习的两大主阵地，两者之间的有效沟通和互动，将有利于学生更好地学习英语。可以充分利用网络、电视等多媒体技术，激发学生的学习兴趣，拓展学生的课外视听和课外阅读，比如观看与学生学习层次相适应的英文原版动画片、给原版英文电影进行亲子配音、家长和学生一起阅读英文绘本并进行角色扮演等。纯正的语调、生动的画面使得枯燥的学习变得轻松愉快，更让学生仿佛置身于一个真实的语言环境中，有利于他们更加自然地使用英语。有效的家校互动，使家长能及时地掌握学生的学习情况，也帮助学生养成了良好的英语学习习惯。

老师与学生之间、学生与学生之间、学校与家庭之间既相对独立又互为补充的阅读课程，真正让阅读成为“悦读”，学生在享受阅读带来的乐趣的同时开阔了视野，阅读思维、阅读理解能力以及语言的综合运用能力得到了相应的提升。

13 分级阅读对提高小学中高年级学生学习能力的探讨

张铭琛

随着我国教育改革的不断深入，义务教育阶段的英语课程不仅要培养学生的语言运用能力、思维认知能力，还要能够促进学生的心智发展，使其形成良好的品格和正确的人生观与价值观，具备适应终身发展和社会发展所需要的必备品格和关键能力，这也正是核心素养的要求。学生必备的关键能力包括学习能力、实践能力、创新能力、合作（交往）能力、审美能力以及综合能力，而其中学习能力将直接关系到学生将来的发展。对于小学阶段的学生而言，其学习能力主要包括解决复杂问题的能力、创造性思维能力以及对学习方法、学习过程进行反思和调整的能力。学生如果具备了这些学习能力呢，就如同掌握了打开知识之门的金钥匙。那么，通过什么样的途径能够让学生逐步掌握这些能力呢？在不断的实践与探索中，我们发现分级绘本阅读不仅能让学生爱上阅读，同时在阅读过程中，能让学生树立学好英语的信心，培养乐于与他人合作的精神，学会如何克服困难，并运用科学的方法提高学习效率及自主学习的能力。

一、丰富的分级英语，让小学中高年级学生的英语阅读成为可能

《义务教育英语课程标准》中明确规定了小学各年级对阅读的要求：一级目标要求学生能够在图片的帮助下读懂简单的小故事；二级目标要求学生借助图片能够读懂简单的故事或小短文，并能够养成按意群阅读的习惯，尝试阅读英语故事及其他英语课外读物。目前，我国大多数地区小学阶段的学生从三年级才开始学习英语，由于掌握的词汇量有限，适合小学阶段学生读的英语课外读物不多，大多数的课外

读物适合初中及以上学生的能力水平。从学生的角度而言，他们刚刚接触到一种新的语言，掌握了一些词汇，迫不及待地想检验一下自己的学习成果，希望能够读到适合他们读的英语读物。一边是孩子们强烈的阅读愿望，一边是阅读总是遇到障碍，这一矛盾最终阻碍了学生英语阅读的发展。可喜的是，丰富的分级英语读物的出现让初学英语的学生也能够感受到阅读的快乐。比如《丽声经典故事屋》《丽声百科万花筒》《领先阅读 X 计划》等都是从一级开始，逐层递进，主题丰富多样且与生活密切相关，符合学生的认知发展水平，学生们读起来就不觉得那么难，也有信心读下去。

二、分级阅读，让小学中高年级学生喜欢阅读

分级英语阅读读物使得小学中高年级的学生在刚刚接触到英语，词汇量还很有限的情况下，也能找到适合自己的阅读读物。笔者认为，只是认识了教材上的单词并不代表学生完全掌握了，只有在不同的文本、不同的情节、不同的句式中看到同一个单词，并能够准确地认读，才是真正的掌握。外研社各个系列的分级读物，从日常生活、科学现象、经典故事、良好品质等各个方面为学生提供了富有情趣、充满生活情境的文本阅读书目，生动、有趣的情节能够吸引学生快乐地阅读，并体会阅读带来的不同的体验。针对刚刚接触英语的三年级学生，适合选择略低于认知发展水平的英语读物，以贴近日常生活为宜，比如家庭、动植物等相关书目。此类读物人物形象生动、故事情节简单，每个句子由 3—6 个单词组成，句型重复率高，版面以图片为主、文字为辅，便于学生理解。因此，学生容易阅读，从而达到增强阅读信心、培养阅读兴趣的主要目的。针对四年级的学生，就要在学习方法上给予指导，选择生词量为 10%—20%，每个句子由 8—10 个单词组成，以高频词汇为主，画面以图画为主，每页有 2—3 个句子的读物为宜。这个阶段，教师重点在阅读习惯以及阅读技巧上给学生以指导，帮助学生养成良好的阅读习惯，并保持积极的阅读兴趣，保证他们能够持续地进行阅读。针对五年级的学生，宜选择生词量在 20%—30% 之间，每个句子由 10—12 个单词组成，动词词尾出现词形变换，故事由若干个情节组成，情节较为简单，插图和文字分开，每页有 3—4 个句子的读物为宜。这个阶段，教师重点在阅读理解能力、阅读策略、阅读信息提取、文化意识方面给学生以指导，让阅读不再停留在表面，使学生能够从书中理解不同的文化，进而开阔视野，促进其文化素养的养成。

三、在分级阅读过程中提高学生的学习能力

针对学生的认知发展水平和语言知识水平，选择一本适合他的分级读物非常重

要，对于绘本中的生词，教师可以教学生通过信息搜索（从网上查单词）、寻求帮助（询问家长、咨询老师）、运用工具（点读笔）等多种方式来学习，以充分理解绘本内容，并达到准确、熟练阅读的目的。每位同学在熟练阅读自己的绘本后，都可以与其他同学进行交换阅读，在绘本交换阅读的过程中，同学们互相学习、自主学习，知识在不知不觉中得到了快速的积累，学习能力也在阅读中得到了大大的提高。

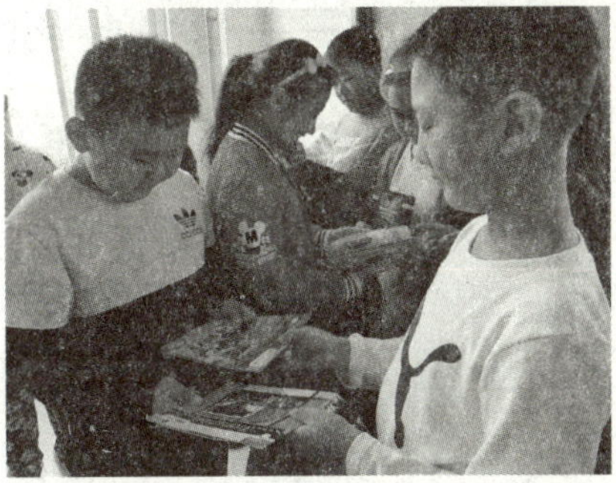

小学英语的目标不仅仅是让学生通过学习掌握知识与技能，更重要的是让学生保持对学习的兴趣，树立学好英语的信心，培养乐于与他人合作的精神，学会如何克服困难，并运用科学的方法提高学习效率，学会自主学习。在自主阅读中遇到生词时去寻求老师、家长的帮助和借助信息技术等手段查询，培养了遇到困难时想办法来解决问题的能力；在交换绘本阅读时，若他人需要帮助，主动去帮助别人，逐渐养成了乐于助人的良好品格；在阅读他人绘本时，可体会到与人合作、共同学习的乐趣；将所读绘本在记录本上整理、记录，可让学生学会如何整理、归纳信息等。总之，能力比知识更重要，会学比学会更重要。

四、总结

分级绘本阅读让小学中高年级学生的外语阅读成为可能，并在绘本阅读以及绘本交流阅读中很好地培养了学生的自主学习精神，提高了学习的积极性和主动性。学生在不断的阅读中提高了阅读素养，开阔了视野，提升了阅读理解能力，养成了良好的英语阅读习惯，形成了良好的阅读品格。而在阅读中掌握正确的阅读技巧，拥有主动学习的能力和合作的精神，将会让学生一生受用。

英语学习不仅要让学生学会知识，更重要的是让学生获得自主学习的能力。通过体验、实践、讨论、合作、探究等方式，调动学生的学习兴趣、学习动机、学习积极性，进而培养和发展学生的学习能力，让学生能够积极、愉快地投入到学习过程中去，愿意与同学、伙伴共享学习成果，相互启发、相互帮助，这一切都有利于培养学生成为具有综合素养的人才，最终提升学生的核心素养。

14 课堂观察

——走向专业听评课的有效路径

刘 静

听评课是语文教师的日常活动之一，也是专业成长的重要途径。但是传统的听评课活动存在着盲目性、任务性，听评课活动结束后，执教老师的收获不多，教学中存在的问题找不到解决的突破口。带着听评课中存在的问题与困惑，正阳路小学的语文教师们开始了近两年的“教—学—评一致性”听评课活动。通过这两年的实践探索，找到了走向专业听评课的有效路径，那就是思考“学习目标—评价任务—教学活动”的一致性，通过收集学生的学习信息来反思课堂教学效果，指导执教老师的课堂教学。

通过“教—学—评”课堂实践活动，语文教师总结出走向专业听评课的路径主要有三个方面。

一、通过语文团队的课堂观课活动，找到课堂教学效果好的依据

（一）依据一：观察学生是否真的在学习

在周村区语文集体备课活动中，学校的孟老师执教了一堂公开课《燕子》，我们语文团队对这节课进行了观评课。在观课过程中，我们选择了四个观察点：

1. 课堂准备情况。三年级 2 班有 40 名学生，有 38 个孩子能够把上课需要的学习单、本子和笔准备好，说明孩子上课准备情况良好。

2. 学生倾听情况。我们选择四个小组进行了重点观察，发现四个小组中，每组至少有三个孩子能做到认真听老师的讲课。四个小组中，75% 的孩子能够做到倾听

同学的发言。

3. 上课倾听的时间统计。观察16个同学的表现，有14个同学能认真听课，倾听时间达到了28分钟以上。

4. 倾听的辅助手段。主要看有多少孩子能够记笔记、做批注，积极回应老师。在感知课文内容环节，发现38个孩子能够按照老师的提示去做笔记，说明老师注意培养了学生的好的学习习惯。同时，学生的学习状态也在老师的引导下逐步发生改变。从学生整堂课的学习行为可以看出，大部分孩子真的在用心学习。

（二）依据二：观察学生是否围绕目标学习

在指导写字环节，写“聚”字时，学生跟随老师的指导，观察字形，看“聚”字的微课视频，学习字的笔顺，然后根据书写口诀，书写出正确、美观的字。整个学习活动都围绕本节课的书写目标去做。学生学得很用心，老师指导学生学习有层次性，学生把难点掌握得很好。

在学习“抓住关键动词品味语言”任务中，学生在朗读课文第二自然段的基础上，能结合自己的生活实际和联系上下文来理解关键动词“凑成”，说出了自己的看法。说明本环节的目标任务学生也完成得很出色。

整堂课的学习中，学生都能围绕学习目标，整体感知课文，发现文章结构的精妙。整个学习过程，学生都能积极参与。从学生的表现可以看出，孟老师的这堂语文课是一堂高效的语文课。

（三）依据三：观察学生学习目标的达成率

在开始上课时，孟老师就出示了本节课的四个学习目标，有多少孩子能够清楚，这就需要通过课后检测来看学习目标的达成率。从孩子们书写“聚”字来看，对于笔画繁多又不容易写好的生字，在老师的指导下，班里2/3以上的学生能根据口诀要领写得美观、正确，可以看出写字目标达成率很高。

在学习收获一栏中，有一半以上的同学写到了“学习文章要抓住关键动词”这一学习方法，说明本环节教学目标的设计也完成了。还有一部分同学写到，感觉文章的语言写得很生动、文章结构很精妙，这说明本节课的第二个目标也基本达成了。

通过检测学生的自主学习单完成情况，本节课的四个目标，学生的完成率都很高，说明本堂课学生的学习是围绕目标进行的。

二、语文团队的课堂观察流程

我们语文团队平时是如何进行课堂观察的？经过近两年的摸索和实践，我们总结出一套比较适用的课堂观察流程，主要包括课前会议、课中观察、课后会议。

下面以我执教的《酸的和甜的》为例，对课堂观察流程进行说明。

（一）课前会议内容

在上课之前，我们召开了课前会议。我们从“学生学习”“教师教学”“课程性质”和“课堂文化”四个维度中，确立了本节课的观察点是“学生学习”和“教师教学”这两个维度。在“教师教学”这个维度中，我们商议共同观察“教学方式”和“问题设计”这两个观察点。在“学生学习”这个维度中，我们商议观察“学生课堂参与度”和“学生的学习方式”这两个观察点。

（二）课中观察

在课前会议结束以后，观课的语文老师们根据观察点，设计了课堂观课量表，对观察任务进行了分配；同时要求观课教师要提前进入观课教室，找到观察位置，为课中观察记录做好充分的准备。在观课过程中，就四个观察点进行了科学的记录。

（三）课后观评课会议

上完《酸的和甜的》一课以后，召开观评课会议。先由执教人说一下本课的目标是否达成，这节课比较成功的教学活动和评价设计在什么地方。接下来，就本节课需要观察的教师行为，由观课教师进行反馈和汇报，提出哪些地方需要改进。最后，由观课教师根据课堂观察点的记录情况进行汇总，并根据观察记录结果分析课堂中存在的问题。

三、如何开发课堂观察记录的工具

（一）确定本课需要记录的观察点，找到执教人需要解决的主要问题

在《酸的和甜的》这一课中，确定的观察点就是教师的教学方式与问题设计。

（二）分析需要观察的观察点和需要用到的相关理论

《酸的和甜的》中老师的教学方式，主要包括：教师指导 + 自主学习；默读 + 教师指导；师生互动 + 自主学习 + 教师指导、点拨；教师讲述。

（三）根据观察点的核心内容，设计出表格

针对《酸的和甜的》这节课的观课表格，我们主要设计了《教学方式的“设

计”与“实施”的一致性观察表》《教师提问的“设计”与“实施”的一致性观察表》《技能训练的“设计”与“实施”的一致性观察表》《教师课堂提问观察表》等表格。

作为一名语文老师，要提高课堂教学质量，就要反思自己的课堂教学效果。通过专业的听评课模式，能让教师找到课堂中存在的问题，并根据课堂观察中收集的数据，调整自己的教学设计，让语文教学更高效、更扎实。

15 统编小学《语文》一年级下册阅读教材分析及教学建议

于红梅

一、编排原则

延续一年级上册的编写思路和编排特点，一年级下册在编写上继续稳步推进，有层次、有梯度地为学生语文素养的培养和提升奠定坚实的基础。在编排上凸显语文要素，注重发展学生的语文能力。

二、主要内容

在本册教科书中，21 篇课文组成了 6 个阅读单元。这 6 个单元的主题分别是“心愿”“伙伴”“家人”“夏天”“习惯”“问号”。

随单元安排的语文要素有“找出课文中明显的信息”“联系上下文了解词语的意思”“读好长句子”“联系生活实际了解词语的意思”“1. 读出疑问句和祈使句的语气；2. 根据课文信息做简单推断”“1. 借助图画阅读；2. 读出祈使句的语气，分角色读好课文”。

本册教材内容丰富，所选文章大多富有童真童趣，贴近儿童生活，很容易引起学生共鸣。在新课文中，有反映现代儿童生活的《怎么都快乐》，有体现家人关爱的《夜色》，有介绍传统节日的《端午粽》，有培养好习惯的《文具的家》等。这些选文题材广泛，有利于儿童通过语言文字认识大千世界。内容与儿童生活紧密联系，充分考虑儿童的经验世界、想象世界和情感世界。

课文题材多样，有童话，有散文，有儿歌，有故事，不仅确保了教材的思想内涵，而且保证了教材的可读性和感染力。

三、学期阅读教学目标

教学目标的设计直接决定着教学的方向和质量，在教学中我们要树立准确的目标意识。

统编版教材相对于鲁教版教材，在一组单元中没有相应的单元导语提示，也没有明显的组织形式，这需要我们根据语文要素设计出最精准的教学目标。

本学期阅读教学目标如下：

1. 喜欢阅读，感受阅读的乐趣。教科书除了安排内容丰富、可读性强的课文外，在“快乐读书吧”栏目中增加了许多阅读篇目，以激发学生兴趣，满足学生的阅读需求。

2. 用普通话正确、流利地朗读课文。

正确：读准字音，读通课文，不添字，不漏字。

流利：不破句，不顿读，不唱读，语速合适。

本册教科书在朗读的指导上体现了层次性，每个单元、每篇课文对朗读都做了不同的要求。低年级学生学习课文的过程是朗读的过程。教师要重视指导朗读，通过朗读培养学生语感。指导朗读要体现层次性，每篇课文都要有不同的要求。教学要在一遍一遍读课文中推进，每一遍读课文都要有不同的学习目标，每一遍读课文都要有不同的学习收获。这样，学生在读课文中识字学词，进而理解内容、体验情感，同时积累语言、掌握方法、积淀语感。

3. 结合上下文和生活实际了解课文中词句的意思，在阅读中积累词语。

单元	人文主题	语文要素
第三单元	伙伴	联系上下文了解词语的意思
第六单元	夏天	联系生活实际了解词语的意思

围绕此目标，在教科书的第三单元、第六单元做了相关语文要素的安排。

4. 学习借助读物中的图画阅读。

5. 对感兴趣的人物和事件有自己的感受和想法，并乐于与人交流。

6. 诵读儿歌、儿童诗和浅近的古诗，展开想象，获得初步的情感体验，感受语言的优美。

7. 认识课文中出现的常用标点符号。在阅读中体会句号、问号、感叹号所表达的不同语气。

单元	人文主题	语文要素
第七单元	好习惯	读出疑问句和感叹句的语气
第八单元	问号	读出祈使句的语气，分角色读好课文

根据上下文语境、标点符号等读出疑问句、感叹句、祈使句的语气，是本册教科书朗读方面重要的学习内容。

四、阅读教学各单元重点

教学中要注意以单元组织教学。指向核心素养的课程发展应该以单元学习为单位，而不是以知识点为设计单位。在本册阅读教学中，各单元重点如下：

（一）第二单元

本单元的重点是找出课文中明显的信息，意在培养学生的阅读理解能力。学习《吃水不忘挖井人》一课，可以在充分朗读课文的基础上，引导学生找出文中明显的信息来讲讲“谁是挖井人”。注意在本单元学习中有层次地推进。

这一任务贯穿在整个单元的学习中，在《四个太阳》课后练习中提出明确的要求。在教学中要加强整体感知，通过初读课文，让学生了解“我”分别画了四个什么样的太阳，以及在太阳的照射下“我”分别看到了怎样美好的情景。

（二）第三单元

本单元的学习重点是联系上文了解词语的意思，这个内容在第二篇课文《树和喜鹊》中以泡泡的形式提出来：“读了第一段，我知道了‘孤单’的意思。”学习课文前两个自然段时，要引导学生联系上文了解词语的意思。可以这样进行：（1）找出“孤单”一词，试着说一说“孤单”是什么意思。（2）引导学生读第1自然段，联系“一棵树、一个鸟窝、一只喜鹊”，了解“孤独”表示“只有一个”。（3）通过读句子，抓住连续三个“只有”，把“只有”换成“有”进行句子比较，让学生想象喜鹊的心理，感受无人陪伴的“孤单”。

▲从前，这里只有一棵树，树上只有一个鸟窝，鸟窝里只有一只喜鹊。

▲从前，这里有一棵树，树上有一个鸟窝，鸟窝里有一只喜鹊。

这种学习词语的方法贯穿于整个单元课文的学习中，可在前一篇《小公鸡和小鸭子》中作适当铺垫，在后一篇《怎么都快乐》中运用这种方法了解相关词语的意思。

（三）第四单元

读好长句子是本单元的学习重点和难点。如《夜色》一课，在教学中，要适时提出“词语连读”的要求：当学生一连到底或胡乱停顿的时候，教师要引导学生了解句子的意思，在此基础上准确地停顿。如“我从前/胆子很小很小，天一黑/就不敢往外瞧”“爸爸/晚上/偏要和我去散步，原来花草/都像白天一样/微笑”……学生要初步感知长句子的停顿，读懂这些句子的意思，为后面课文的长句朗读做铺垫。

（四）第六单元

本单元的学习重点是联系生活实际了解词语的意思。在第3篇课文《要下雨了》中结合泡泡的提示点明要求。

教学“要下雨了，水里闷得很”这个句子时，教师可先通过情境的创设分层落实教学：（1）读好词语“闷得很”。（2）看“闷”的字理演变，理解意思。（3）分角色朗读，在角色体验中体会小鱼的难受，了解它要游到水面的原因。落实了本课的难点词语，句子的理解就迎刃而解了。

教学时要贯穿整个单元的学习，可在《古诗二首》中做适当铺垫，在《荷叶圆圆》中学习运用这种方法了解相关词语的意思，在学习《要下雨了》时让学生自主尝试运用这种方法。在教学过程中，要充分调动学生的生活经验，促进学生生活经验与课文内容的有效对接，从而使学生更好地了解词语的意思，读懂课文内容。

（五）第七单元

根据课文信息做简单推断是本单元的学习重点，另一个重点是读好疑问句和祈使句的语气。

本单元要关注长课文的教学。《动物王国开大会》是学生接触到的第一篇篇幅较长的课文，一共有18个自然段。课文由狗熊发布“通知”展开故事情节，几个动物一次又一次的提醒推动故事发展，最终大会顺利召开。教学时，可利用童话情节反复的特点，借助课文插图，帮助学生梳理、读懂课文，再引导学生体验角色，读好对话，读懂长课文。

（六）第八单元

本单元的学习重点是借助图画阅读课文。这是继一年级上册《小蜗牛》这篇课文阅读以后，又一次出现的没有全文注音的连环画课文的阅读。教学时，要在一年级上册借助图画猜字、认字、读懂课文的基础上，继续发展学生的独立识字和阅读能力。《咕咚》一课的教学要巩固、运用《小蜗牛》的学习方法开展识字、阅读，并运用形声字的特点联系上下文猜字、认字；《小壁虎借尾巴》要在此基础上借助偏旁表义的特点了解字义，并通过交流“是怎么猜出来的”提炼猜读的几种方法。

五、教学注意事项

（一）设计有限目标

一节课可以设计的目标是很多的，但能够达成的目标是极其有限的，因此目标设计不能求全，有限目标才能实现有效教学，有限目标才能创造无限精彩。

（二）向着目标学习

一节好课应该是学生向着目标学习的课，是大部分学生达成学习目标，一部分学生创造了目标之外的精彩的课。

（三）启发学生思维

课堂上要留给学生思考的时间，鼓励他们自己去学习、发现，尤其要引导学生养成主动思考的习惯，在语言学习的过程中获得思维的同步发展。

16 统编小学《语文》一年级下册课程纲要解读

于红梅

一、为什么要制定学期课程纲要

学期教学准备是一种中观的课程设计，是从“文本课程”走向“课堂教学”的关键环节。课程纲要是教师对学期教学进程的整体规划，不仅要详解本学期该学科的教学内容，还要明确界定本学期的教学目标、学生学习后的评价方式，指明学习对象。研制《基于标准的学期课程纲要》，可以促使教师从“为什么教”“教什么”“怎么教”“如何评”等方面整体思考教学，确保《课程标准》的有效落实。

二、怎样制定学期课程纲要

2011 版《课程标准》描述的是学段预期的学习结果，是通过“学期目标—单元目标—课时目标”逐步实现的。本纲要在分解《课程标准》和结合教材、学情的基础上，通过整合不同的知识点，打破原来内容的次序，界定出本学期学生需要达成的认知目标、能力目标，以及学生在学习过程中需要经历的情感体验目标，呈现的是该学期学科的核心内容。

三、学期课程纲要目标的确定

课程目标是课程的灵魂，本纲要在目标的界定方面，主要分四部分内容：识字写字、阅读、写话、口语交际和综合实践活动。

根据 2011 版《语文课程标准》，整合各部分相关内容，确定本学期的教学目标如下：

识字写字：通过看图识字、韵语识字、字族文识字等方法认识本册 400 个生字；按笔顺规则，会写200个字，做到书写规范、端正、整洁。学会用音序检字法查字典。

阅读：(1) 通过阅读体会句号、问号、感叹号等标点所表达的不同语气；创设情境，分角色朗读；借助图画等方法，学习用普通话正确、流利地朗读课文。做到吐字清晰，发音准确，声音响亮；能通过声音的停顿、快慢、高低来表现作品的内容和情感。(2) 通过看图、动作演示、结合上下文和生活实际等方法，说出课文中重点词语的意思。(3) 积累重点的词语、喜欢的成语和格言警句；感受语言的优美。

写话：通过仿照例句、教师指导等方法，运用阅读和生活中积累的词语，写几句完整的话。能初步做到格式正确，正确使用逗号、句号、问号、感叹号。

口语交际和综合实践活动：热心参加语文学习、各类口语交际等活动，在活动中认真听别人讲话；简要复述自己感兴趣的内容。做到用普通话，态度自然大方，有礼貌。

四、学期课程纲要内容介绍

(一) 用语文要素来组合单元

新的部编教材，首先关注了语文教学体系的问题，也就是框架结构问题，采用的仍然是单元组织结构，但这里的单元，不再是单纯的主题单元，而而将语文素养划分为若干因素，然后将这些因素有层次地在重新组合的单元中逐步落实。

本册教材语文要素的安排如下：

第二单元：找出课文中明显的信息。第三单元：联系上下文了解词语的意思。第四单元：读好长句子。第六单元：联系生活实际了解词语的意思。第七单元：(1) 读出疑问句和祈使句的语气；(2) 根据课文信息做简单推断。第八单元：(1) 借助图画阅读；(2) 读出祈使句的语气，读好多个角色之间的对话。

(二) 语文要素的安排由浅入深

本册教材按双线组织单元结构。一条线是：按照"内容主题"组织单元，但又不像以前教材那样给予单元主题明确的命名。另一条线是：将"语文素养"的各种基本"因素"(包括基本的语文知识、必备的语文能力、适当的学习策略和学习习惯，以及写作、口语训练) 分成若干个"点"，由浅入深，由易到难，分布在各单元的课文导引或习题设计之中。

比如查字典的安排就是这样由浅入深进行的。第一单元：学会字母表。第二单元：巩固字母表。第三单元：学会用音序查字法查字典。第四单元：练习用音序查字法查字典。第五单元：运用音序查字法查字典，查字典有一定的速度。第六单元：运用查字典的方法，理解生字或词语的意思。第七单元：熟练运用音序查字法查字典。第八单元：用音序查字法查字典，解决学习中遇到的问题。

为了实现学期总目标，单元目标的设计也是层层递进的。第一单元：做到吐字清晰，发音准确，声音响亮。背诵《姓氏歌》。第二单元：读出语言的节奏，读好带感叹号的句子。不唱读，不连读，不读破句。第三单元：读好“一”“不”的变调。分角色朗读，读出不同角色说话的语气。能用不同的节奏诵读儿歌、对子等不同形式的韵语。第四单元：学习运用词语连读、正确停顿等读好长句子和问句，读懂句子表达的意思。第五单元：能用不同的节奏诵读儿歌、对子等不同形式的韵语。第六单元：读好问句和感叹句，读出文中对话的不同语气，读出古诗的节奏和儿童诗的韵味。第七单元：读出疑问句和祈使句的语气，读好对话。第八单元：读出祈使句的语气，读好多个角色之间的对话。

（三）在教学中要注意前后联系

同一个语文要素的学习是螺旋递进的，一年级下册的学习有一年级上册的基础，后一单元的学习有前一单元的基础，同一单元中后一篇课文的学习也有前一篇课文的基础。在教学中，要做到前后联系、循序渐进。

比如本册教材第七单元目标之一是：能根据课文信息做简单推断；借助文本情节，了解告知一件事情时，需要说清楚时间、地点等要素；能根据问题提取、整合信息，推断事情的原因、结果。在课时教学目标制定时就要关注目标的层递性。如：

第 16 课《一分钟》讲了因为元元贪睡一分钟，在十字路口遇上了红灯，延误了时间，于是就赶不上汽车，最后只好走着去学校，结果上学迟到了 20 分钟。可以制定这样的课时目标：借助“要是……就……”句式，根据课文内容进行简单推断，进行逻辑思维训练。

第 17 课《动物王国开大会》讲了动物王国要开大会，老虎让狗熊通知，狗熊在狐狸、大灰狼、梅花鹿的提醒下，一次又一次地下通知，才把通知说清楚。可以制定这样的课时目标：根据课文内容进行简单推断，了解发布通知时要把时间、地点、参加人、事情等要素说清楚，继续进行逻辑思维训练。

第 18 课《小猴子下山》讲的是一只小猴子下山，先掰了一个玉米，看见桃子就扔掉玉米去摘桃子，看见西瓜就扔掉桃子去摘西瓜，看见兔子就扔了西瓜去追兔子，最后兔子跑进树林不见了，小猴子一无所获。在制定目标时，要求要进一步提高标准，在读懂课文的基础上整合信息。可以制定这样的课时目标：说出“小猴子最后为什么会空着手回家去”。

（四）在教学中要注重融合

识字写字、朗读课文、积累语言、阅读理解，是第一学段教学的主要内容，但这些内容的学习不是孤立的、各自为阵的，要在教学过程中有机融合，滚动推进，在联系中发展，在交融中提升。

17 如何分解《语文课程标准》（2011版）的目标与内容

——以“阅读”部分为例

于红梅

作为国家层面的《课程标准》，其内容标准中预期的学习结果相对来说比较概括、抽象，所以需要教师思考，通过分解使之成为学期、单元、课时的目标，即成为清晰的、可检测的学习结果，这就是《课程标准》分解，也就是我们需要在学期初做好的工作。

按照《课程标准》，阅读方面主要介绍五部分内容：阅读习惯，朗读，默读、略读、浏览，词句理解，把握文章主要内容。每一部分内容主要讲述四个方面：课标表述、核心内容分析、教学目标陈述、年级教学程度区分。

一、阅读习惯

（一）课标表述

第一学段（1—2年级）：喜欢阅读，感受阅读的乐趣。养成爱护图书的习惯。

（二）核心内容分析

阅读、习惯。

（三）教学目标陈述、年级教学程度区分

<table>
<tr><th rowspan="3">阅读习惯</th><th colspan="2">课标表述</th><th>核心内容</th><th>年级</th><th>目标陈述</th><th>教学程度区分</th></tr>
<tr><td rowspan="2">第一学段</td><td rowspan="2">喜欢阅读，感受阅读的乐趣。养成爱护图书的习惯</td><td rowspan="2">阅读习惯</td><td>一年级</td><td>愿意参加读书比赛、阅读晋级、亲子阅读等多种形式的阅读活动，初步养成每天读书 15 分钟的习惯。愿意和大家交流分享图书及图书内容。养成良好的护书习惯（阅读后将书放回原处。在书上不乱涂乱画，认真标出词语）。</td><td>喜欢、初步感受、初步养成习惯</td></tr>
<tr><td>二年级</td><td>愿意参加读书比赛、阅读晋级、亲子阅读等多种形式的阅读活动，养成每天读书 20 分钟的习惯。愿意和大家交流分享图书及图书内容。养成良好的护书习惯（读书后将书放回原处。在书上不乱涂乱画，认真标出词语、句子。整理摆放图书）。</td><td>喜欢、感受、养成习惯</td></tr>
</table>

二、朗读

（一）课标表述

第一学段（1—2 年级）：学习用普通话正确、流利、有感情地朗读课文。

第二学段（3—4 年级）：用普通话正确、流利、有感情地朗读课文。

第三学段（5—6 年级）：能用普通话正确、流利、有感情地朗读课文。

（二）核心内容分析

普通话、朗读、正确、流利、有感情。

（三）教学目标陈述、年级教学程度区分

<table>
<tr><th rowspan="3">朗读</th><th colspan="2">课标表述</th><th>核心内容</th><th>年级</th><th>目标陈述</th><th>教学程度区分</th></tr>
<tr><td rowspan="2">第一学段</td><td rowspan="2">学习用普通话正确、流利、有感情地朗读课文</td><td rowspan="2">朗读课文</td><td>一年级</td><td>学习运用普通话朗读，吐字清晰，发音基本准确。学习朗读课堂上、生活中接触到的一定数量的儿化音、多音字。借助教师示范、观摩录音视频、优生示范、朗读比赛等方法，学习用普通话正确（不错字、不添字、不漏字）、流利（停顿恰当、不磕磕绊绊）、有感情（动作、表情）地朗读课文的方法。</td><td>学习运用</td></tr>
<tr><td>二年级</td><td>学习运用普通话朗读。吐字清晰，发音准确，声音响亮。能基本流利地朗读课堂上、生活中接触到的文章。练习通过声音的停顿、快慢、高低来表现作品内容和情感的方法。</td><td>学习运用</td></tr>
</table>

（续表）

	课标表述		核心内容	年级	目标陈述	教学程度区分
朗读	第二学段	用普通话正确、流利、有感情地朗读课文	朗读课文	三年级	运用普通话朗读。吐字清晰，发音准确，声音响亮。练习流利地朗读课堂上、生活中接触到的文章。学习运用声音的停顿、快慢、高低的变化来表现作品内容和情感的方法。	运用
				四年级	运用普通话朗读。吐字清晰，发音准确，声音响亮。比较流利地朗读课堂上、生活中接触到的文章。能够通过声音的停顿、快慢、高低来表现作品内容和情感。	运用
	第三学段	能用普通话正确、流利、有感情地朗读课文	朗读课文	五年级	能熟练运用普通话朗读。吐字清晰，发音准确，声音响亮。流利地朗读课堂上、生活中接触到的文章。能够通过（语调）声音的高低、快慢、长短、轻重的变化（平直调 、高升调、曲折调、全降调）来表现作品内容和情感。	能用

三、默读、略读、浏览

（一）课标表述

第一学段（1—2 年级）：学习默读。

第二学段（3—4 年级）：初步学会默读，做到不出声、不指读。学习略读，粗知文章大意。

第三学段（5—6 年级）：默读有一定的速度，默读一般读物每分钟不少于 300 字。学习浏览，扩大知识面，根据需要搜集信息。

（二）核心内容分析

默读、略读、浏览。

（三）教学目标陈述、年级教学程度区分

<table>
<tr><th rowspan="6">默读、略读、浏览</th><th colspan="2">课标表述</th><th>核心内容</th><th>年级</th><th>目标陈述</th><th>教学程度区分</th></tr>
<tr><td rowspan="2">第一学段</td><td rowspan="2">学习默读</td><td rowspan="2">默读课文</td><td>一年级</td><td>通过课上课下阅读练习、问题提问等方法，初步学习默读，不发声读，不动嘴唇。</td><td rowspan="2">学习</td></tr>
<tr><td>二年级</td><td>通过参与默读比赛、课上课下阅读练习、问题提问等方法，学习默读。练习不发声读，不动嘴唇；不用手指着读。</td></tr>
<tr><td rowspan="2">第二学段</td><td rowspan="2">初步学会默读，做到不出声、不指读。学习略读，粗知文章大意</td><td rowspan="2">默读课文，略读，粗知文章大意</td><td>三年级</td><td>练习默读，基本做到不发声读，不动嘴唇；不用手指着读；还要边读边思考。运用默读的方法，能大体说出文章大意。默读一般读物后能大体回答提出的问题。</td><td>初步学会</td></tr>
<tr><td>四年级</td><td>初步掌握默读的方法，做到不发声读，不动嘴唇；不用手指着读；还要边读边思考。默读一般读物能基本准确地说出文章主要内容，能准确回答默读后提出的问题。</td><td>学习、粗知</td></tr>
<tr><td>第三学段</td><td>默读有一定的速度，默读一般读物每分钟不少于300字。学习浏览，扩大知识面，根据需要搜集信息</td><td>默读、读物，浏览</td><td>五年级</td><td>熟练运用默读的方法。做到不发声读，不动嘴唇；不用手指着读；还要边读边思考。默读一般读物能基本准确地说出文章主要内容，能准确回答默读后提出的问题。默读速度能达到每分钟300字，回答相关问题正确率达80%。初步学习摘取字里行间的重要信息，如读前言、目录、结束语等。跳读，即根据一定的目的或某种需要，舍弃一部分不读，只快速阅读相关的部分，如读标题、图表、与主题相关的关键词语等，以查找相关资料。能在教师的提示下，采用读书交流、问题引导、制作情节图表、看故事情节梗概、网络搜集等方法，学习浏览，扩大知识面，根据需要搜集信息。</td><td>有一定的速度</td></tr>
</table>

四、词句理解

（一）课标表述

第一学段（1—2 年级）：结合上下文和生活实际了解课文中词句的意思，在阅读中积累词语。借助读物中的图画阅读。

第二学段（3—4 年级）：能联系上下文理解词句的意思，体会课文中关键词句表情达意的作用。能借助字典、词典和生活积累，理解生词的意义。

第三学段（5—6 年级）：能联系上下文和自己的积累，推想课文中有关词句的意思，辨别词语的感情色彩，体会其表达效果。

（二）核心内容分析

课文中词句的意思、课文中关键词句表情达意的作用、表达效果。

（三）教学目标陈述、年级教学程度区分

	课标表述		核心内容	年级	目标陈述	教学程度区分
阅读中的词句	第一学段	结合上下文和生活实际了解课文中词句的意思，在阅读中积累词语。借助读物中的图画阅读	课文中词句的意思、词语	一年级	初步学习利用看图、查字典、联系上下文和生活实际等方法，了解课文中词句的意思，积累词语。	初步学习、了解
				二年级	学会利用看图、查词典、联系上下文和生活实际等方法，了解课文中词句的意思，积累词语。	学会、了解、积累
	第二学段	能联系上下文理解词句的意思，体会课文中关键词句表情达意的作用。能借助字典、词典和生活积累，理解生词的意义	词句的意思、关键词句表情达意的作用、生词的意义	三年级	通过比较阅读、品析修辞方法等多种形式的读，初步学习利用换词、联系上下文和生活积累、展开想象和联想等方法，大体说出相关词句的意思，初步理解关键词句表情达意的作用（叠词，象声词，比喻、拟人、排比等修辞方法，对偶、陈述句、反问句、双重否定句、把字句、被字句、祈使句、感叹句等句式）。	初步学习、大体说出、初步理解
				四年级	通过比较阅读、品析修辞方法等多种形式的读，学会利用换词、联系上下文和生活积累、展开想象和联想等方法，说出相关词句的意思，说出关键词句表情达意的作用（叠词，象声词，比喻、拟人、排比等修辞方法，对偶、陈述句、反问句、双重否定句、把字句、被字句、祈使句、感叹句等句式）。	学会、说出、理解、体会

（续表）

	课标表述		核心内容	年级	目标陈述	教学程度区分
阅读中的词句	第三学段	能联系上下文和自己的积累，推想课文中有关词句的意思，辨别词语的感情色彩，体会其表达效果	词句的意思、词语的感情色彩、表达效果	五年级	熟练运用动作表演、换词、图片等方法联系上下文、生活实际和自己的积累，理解、推想课文中有关词句的意思。学习通过反复朗读、创设情境等方法，辨别词语的感情色彩。品读场景及人物的动作、语言、神态、心理活动，说出自己的喜爱、憎恶、崇敬、向往、同情等感受。	学习运用、推想、辨别、体会

五、把握文章的主要内容

（一）课标表述

第二学段（3—4 年级）：能初步把握文章的主要内容，体会文章表达的思想感情。能对课文中不理解的地方提出疑问。

第三学段（5—6 年级）：在阅读中了解文章的表达顺序，体会作者的思想感情，初步领悟文章的基本表达方法。在交流和讨论中，敢于提出看法，做出自己的判断。

（二）核心内容分析

把握文章的主要内容、文章的基本表达方法。

（三）教学目标陈述、年级教学程度区分

	课标表述		核心内容	年级	目标陈述	教学程度区分
主要内容	第二学段	能初步把握文章的主要内容，体会文章表达的思想感情。能对课文中不理解的地方提出疑问	文章的主要内容、文章表达的思想感情、课文中不理解的地方	三年级	借助课文的学习、教师的讲解，利用段意合并法、要素串联法、题目扩展法等方法，学习用比较简洁的语言说出比较完整的课文的主要内容。依据文章的主要内容，或带有感情色彩的语句，或含义深刻的词语、句子、段落等，大体说出作者写这篇文章的目的。在课文中标画出不理解的词语，借助工具书、老师的讲解，联系上下文尝试解决。	学习概括文章的主要内容，大体说出文章表达的思想感情

（续表）

		课标表述	核心内容	年级	目标陈述	教学程度区分
主要内容	第二学段	能初步把握文章的主要内容，体会文章表达的思想感情。能对课文中不理解的地方提出疑问	文章的主要内容、文章表达的思想感情、课文中不理解的地方	四年级	借助课文的学习、教师的讲解，利用段意合并法、要素串联法、题目扩展法等方法，用简洁的语言说出内容完整的课文的主要内容。依据文章的主要内容，或带有感情色彩的语句，或含义深刻的词语、句子、段落等，说出作者写这篇文章的目的。在课文中标画出不理解的句子，提出不明白的问题，借助工具书、老师的讲解，联系上下文解决。	概括文章的主要内容，说出文章表达的思想感情
	第三学段	在阅读中了解文章的表达顺序，体会作者的思想感情，初步领悟文章的基本表达方法。在交流和讨论中，敢于提出看法，作出自己的判断	文章的表达顺序、作者表达的思想感情、文章的表达方法、提出看法、作出判断	五年级	根据不同的文章内容，借助老师的讲解，说出相关课文的表达顺序，如时间顺序、事情发生与发展的顺序、地点转换顺序、事物的不同方面，以及特殊的表达顺序（顺叙、倒叙、插叙）等。依据文章的主要内容，或带有感情色彩的语句，或含义深刻的词语、句子、段落等，说出作者通过文章的主要内容想赞扬什么、批评什么、反对什么，抒发什么感情，说明什么道理等。通过老师的讲解，根据不同题材的内容，大体说出文章写作的修辞手法（比喻、拟人、排比、设问、反问、夸张等）、表达方式（记叙：记叙的顺序，如顺叙、倒叙、插叙。说明：说明方法，如举例子、列数字、打比方、作比较。描写：人物描写、景物描写、环境描写、场面描写、细节描写、正面描写和侧面描写。表现手法：借物喻人、寄情于景、托物言志、借物喻理、联想、对比）以及篇章结构（照应、开门见山、过渡、篇末点题、详略得当、特殊的构段方式）。在课上交流和与同学的讨论中，遇到不明白或产生歧义的地方，勇敢说出自己的看法，作出自己的判断。	了解文章的表达顺序，领悟文章的基本表达方法

18 “211”课堂观察模式的实践与反思

徐　磊

一、目前观评课中存在的问题

作为一线教师，对于听评课活动并不陌生，但我们所经历的听评课活动大多是这样的：教研组长提前发出通知，做好布置安排，让大家什么时间在什么地方听谁的课；听课教师按时进入课堂，开始听课活动。每个教师都是一个独立的个体，教师间无分工合作，听的任务也不明确，既要观察教师又要观察学生，既要听评内容又要兼顾环节，还要注意课堂生成等内容，一节课下来，听课者往往身心疲惫，一脸茫然，收获甚微。再反观老师的听课记录本，密密麻麻，大多是主观性评价，依据也只是自己的经验而已。

听课结束，进行评课，首先是授课教师自评，接着是教师互评，要么蜻蜓点水、不痛不痒，要么事无巨细、面面俱到，既没有主次，也不分重点；还有评课时，老师们往往碍于情面，只谈优点，不谈缺点，这样的听评课没有多大的指导价值，对指导我们的实际教学也没有太大的帮助。

当然，目前听评课活动需要解决的问题不仅仅是这些，许多问题也不是课堂观察所能解决的，但是课堂观察所具有的独特的功能，已成为解决教研活动低效问题的一种重要的方式。为此，我们结合“LICC”范式课堂观察理论，在教师人力、智识、时间有限的前提下，进行了“学什么，就观评什么”的“小视角”“211”课堂观察模式的探索与实践。

二、“小视角”“211”课堂观察模式的确立依据

课堂观察，顾名思义，就是通过观察，对课堂的运行状况进行记录、分析和研究，并在此基础上谋求改善学生课堂学习、促进教师发展的专业活动。课堂观察就

是指研究者或观察者带着明确的目的，凭借自身感官（如眼、耳等）以及有关辅助工具（如观察表，录音、录像设备等），直接或间接（主要是直接）地从课堂情境中收集资料，并依据资料做相应研究的一种教育科学研究方法。

我们通过各种学习渠道对“课堂观察”理论进行了学习与梳理，最后选择了崔允漷教授提出的“LICC”范式课堂观察。崔允漷教授把课堂观察设计为四个维度，即学生学习维度L（主要关注学生怎么学、学得怎么样）、教师教学维度I（主要关注教师怎么教、效果怎么样）、课程性质维度C（关注的是教和学的内容，它是师生在课堂中共同面对的教与学的客体）课堂文化维度C（是指教师、学生、课程三者之间发生联系，在整个互动、对话过程中形成课堂文化）。每个维度又分为5个视角，共计20个视角，如学生学习维度包括准备、倾听、互动、自主、达成5个视角，教师教学维度包括环节、呈示、对话、指导、机智5个视角。每个视角又由3—5个观察点组成，共计68个观察点，观课内容丰富。如果单凭一所学校的教师队伍按照崔教授的课堂观察维度来观课，显然是心有余而力不足的。因此，我们依据崔允漷教授的“LICC”范式课堂观察理论，结合学校开展基于标准的教学设计活动，从观察教师教学目标的制定入手，进行“小视角”“211”课堂观察模式的探索与实践。

三、什么是“小视角”“211”课堂观察模式研讨活动

“小视角”即学校在开展基于课标的教学时，依据崔允漷教授的“LICC”范式课堂观察理论，借鉴“小窗口”课堂观察模式，围绕“教—学—评”一致性的目标，从课程性质的维度，开设教学目标、教学策略和课堂评价3个观察点，选取7个观察视角进行观课，从而引导教师进行专业的听评课活动。

“211”即“两磨一讲一评周研讨”观课活动。在观课活动过程中，观课单位改变学科组的教研结构，缩小管理单元，以年级备课组为单位，采用“大团小队”的结构方式，利用每周教研活动时间进行两次磨课。

“一磨”：主要研讨基于标准的教学设计，执教人进行说课活动，观课人围绕教学目标，设置教学目标“具体性”和“逻辑性”两个观察点，“具体性”主要从认知动词具体与否、知识名词明确与否以及行为条件适切与否三个方面进行确认，“逻辑性”主要从主目标设置适切与否、目标顺序合理与否两个方面进行考量。实施观察时，不仅要对教学目标进行静态分析，还要将目标放在学习过程中进行动态的达成分析。

“二磨”：在一磨的基础上，执教人完善教学设计，观课人制定并完善观察

量表。

“一讲”：执教人根据“磨课”情况进行基于标准的教学，本年级学科教师带好观察量表进行观课，在观课过程中，依据执教人的授课情况进行记录。

“一评”：年级备课组长组织教师进行评课，执教人结合本节课的目标达成情况、教学行为、教学手段等进行自评；观课人以观察量表为依据，进行评课；会后，执教人、观课人分别写出教学反思和观课反思。

四、“小视角”“211”课堂观察模式实践中的反思

为提高课堂教学的有效性，促进教师专业化发展，改变学科组传统的听评课模式，探索一种简单、高效、实用的课堂观察模式，我们开始了“小视角”“211”课堂观察模式探索之路，这是专业听评课发展中迈出的重要一步。在实践过程中，我们得到了众多的支持与帮助。

首先，学校在资金紧张的情况下，投入大量经费购置图书，引导教师阅读大量的相关书籍，增强课程意识，丰富专业知识，提高课堂观察的能力。

其次，每周二下午的教研活动时间，以年级备课组为单位进行专题学习，学校教学管理干部利用休息时间，多次召开研讨会，与省、市、区的专家、教研员进行探讨，把握学校改革的方向与措施。

再次，在引导教师学习崔允漷教授的《课堂观察——走向专业的听评课》时，邀请郑州市教研室主任卢臻教授到学校作报告，从实践层面对教师的课堂观察进行指导。

目前，学校已初步改变原先的以教研组为单位的听评课方式，缩小管理单元，以备课组为单位，开展了“小视角”课堂观察，即“大团小队”。“大团”即教研组团队，由教研组长或骨干教师主持，总览“小视角”观察活动，包括观察点调配、观察人员分工、观察进度安排、观察成果交流等组织活动。“小队”即由教师自由组织的观察小组：人少，二三人即可；点小，选择其中一个研讨点即可。按照课前会议、课中观察与课后会议的工作流程，选择观察点，制定观察量表，小队间分工明确，以审慎的态度，从专业的角度，记录教学现象，发现真实问题，挖掘问题实质，商讨解决策略。

五、“小视角”“211”课堂观察模式实践中的改进措施

通过一段时间的摸索，下一步，我们将在“大团小队”的基础上，变集中式听

评课为邀请式课堂观察。邀请式课堂观察采取教师之间互相邀请的方式，不仅限于邀请本校教师，也可以校际间合作，邀请不同学校、具备不同特长的教师开展观摩活动，具体实施步骤如下：

1. 教师在日常教学反思中发现问题，然后就这个问题进行研究。

2. 填写邀请卡，向其他教师发出邀请。卡中写清授课内容和自己需要解决的问题。

3. 授课教师通过课前会议展示自己对该问题所做的研究，并发放观察量表。

4. 听课教师根据邀请卡中的问题和观察量表进行有针对性的课堂观察，记录授课教师存在的问题，为下一步的课后会议提供评课依据。

5. 听课教师根据课堂观察的结果，重点评价授课教师在该问题的研究上取得的成绩和存在的不足，并提出改进的建议。评课内容可以以口头的形式与授课教师进行交流，也可以填写在反馈卡上交给授课教师。

6. 授课教师根据听评课教师的意见和自己的思考写出教后反思，以进一步改进教学。

19　小学、初中教材重复内容与各学段教学要求探讨

——以信息技术课为例

张　学

首先是小学、初中教材重复内容。相信看过小学、初中《信息技术》课本的老师们都能发现，在我们现在使用的《信息技术》课本中存在着很多重复的内容，如PPT、QQ、word、操作系统、手机应用、因特网、获取信息、硬件等。以word为例，在小学中，四年级上册从第6课到第12课，五年级上册第3课，共8课内容49页涉及了word的用法；初中教材七年级下册有两个单元共44页涉及了word的用法。以Office中的PPT为例，在小学中，五年级上册的第一单元排演童话剧，从新建文件到插入幻灯片，从插入图片、文字到设置自定义动画，共36页的篇幅；初中教材二年级上册，则有50页的篇幅。在QQ的使用中，小学二年级下册第二单元是关于QQ使用的介绍，详细地介绍了QQ从申请到使用的全过程；在初中课本中，有探究网络交流信息的微项目，其中介绍了如何利用QQ的讨论组进行交流。

表面上看来，这些内容是重复的，但当我们对照基础教育《信息技术课程标准》（2012版）中的要求时就会发现，这些内容看似相同，实则不同。

还是以大家最常用的word为例，这次我们从《课程标准》出发进行探讨。

小学教材在“专题2. 信息加工与表达”的“文本”单元条目中，有这样的描述：

1. 熟练键盘输入，学会一种中文输入法，中文输入速度应达到20字/分钟或以上。

2. 尝试使用至少一种文本编辑工具对文档进行简单编辑，学会文本编辑的基本过程，知道文本编辑的基本方法。

其中，第二条所对应的内容就是刚刚我们在前面所说的二年级上册第6课《成

语大师写日记》、第 7 课《啰嗦大王改游记》、第 8 课《规范文章看家功》、第 9 课《试看作品俏模样》、第 10 课《描绘理想剪贴画》、第 11 课《美丽风景图说话》、第 12 课《艺术字体扮漂亮》。

再看初中，在“专题 2. 信息加工与表达”的“文本”单元条目中，有这样的描述：

1. 能根据需求输入文字，中文输入速度应达到 30 字/分钟或以上，并能设计文本排版格式使之符合表达规范。

2. 会使用查找、替换等工具对文件内容进行统计或批量修订等。

3. 学习文档编辑中修订/文件合并/批阅模式等的使用方法，通过协作完成任务，体会这些功能的社会意义，提高协作能力。

有了这些做铺垫，我们再来看初中关于 word 的内容，那种初见时似曾相识的感觉是不是淡了许多?

遵循标准，跳出小学课本来看，现在有了一种豁然开朗的感觉，知道了编者这样设计的原因，我们在教学时就会更加有的放矢。我们不应该只是为了教授课本上的内容而教授，而应该把课本内容作为一种工具，来实现学习后要达到的目标。

学生信息素养的培养是一个持续提升的过程，在不同学段，学生学习信息技术的内容各不相同，在信息素养的培养水平上各有侧重。其中，小学阶段侧重对基础知识和基本技能的掌握与应用，强调对信息技术和信息文化的体验与感悟，以基础入门为标志，以感悟信息文化为目标；初中阶段侧重对信息技术基本特征的总结能力的培养，注重主动学习信息技术的意识和方法的熏陶，关注与信息素养相关的认知能力、判断能力、想象能力、批判能力的培养，以迁移应用为标志，以顺应信息文化为目标。

作为小学信息技术教师，我们所能做的就是上好课，让学生在感悟信息文化的同时掌握好基本知识和基本技能，为初中顺利进行信息技术总结、培养主动学习信息技术的意识打好基础。

20 浅谈基于《课程标准》的小学语文作业设计

孟　谦

作业作为学习评价方式，贯穿学习始终。作业不同，功能各异。课前作业起到探查学情的作用，课中作业起到构建概念的作用，课后作业起到诊断和促进发展的作用。对于小学生来说，课后作业是自主学习的主要载体，也是处理和获取信息的重要途径。在基于标准的教学中，教师对于学生学习情况把握的准确程度决定了学习目标的制定。课后作业的设计也影响着学法与教法。课后作业设计是否合理，对学习目标的制定有很大影响。课后作业设计应有相应的新理念、新方法。

科学的课后作业应包含“前测”和“后测”两部分。

一、科学“前测”，准确把握学情

“前测”是检测学习基础和已有知识基础的手段。在基于标准的教学中，首先要依据《课程标准》、教材、学情制定学习目标。可以通过“前测”来度量学情，探查学生学习的起点以及离标准的要求还有多远。因为只有测出它们，我们才能够准确地把握学习目标的完成程度。本课时的学习内容要学到什么程度才是适切的？对于教师来说，这也是教学设计的最大难点。

书面“前测”。设计前置作业——自主学习单。学习单的设计既要与学习目标相对应，也要不增加师生的负担，注意预设好完成时间。例如，学习三年级小学语文《灰雀》第一课时，我设定了这样的学习目标：

1. 能正确认读本课 12 个生字，正确书写 12 个生字中的难点生字。

2. 逐步把课文读正确、流利。对朗读的效果有自己的评判，为深入理解课文内容打好基础。

3. 了解课文内容，学习根据时间的推移梳理课文，概括课文内容。

对应学习目标，“前测”题目是这样设计的：

1. 请把本课生字在田字格里各写 2 个，做到书写正确、美观。写完后用△标出比较难写的生字，用○标出写得比较好看的生字。（____分钟内完成）

2. 请把课文大声朗读 2 遍。课文共有（　　）个自然段。在文中画出表示时间的词语。（____分钟内完成）

3. 关于课文我有疑问想与老师和同学交流一下：

在这一环节中生成了重要的教学资源。教师根据学生的自学反馈及重点问题，只讲解所有生字中学生认为最不好写的“搜、胸、渣”字。学生的学习困惑可以得到最高效率的解决。

在前置学习过程中，学生会问：“为什么列宁知道是小男孩偷走了灰雀？”在课上热烈的讨论中，学生发现从人物对话中就能找到答案。学习单引导学生自主规划做事时间，在学习过程中不断地观察、猜想、验证，完善自己的思考，还要学会去倾听和理解别人解决问题的方法，有条理地表述自己的思考结果。学生经历了有趣的探索过程，学习兴趣自然浓厚。

同样是这节课，同一位老师，换了一批学生上课，在对学生进行“前测”后，发现学生的难点生字不同，提出的有价值的问题不同，这时老师就不能再用之前的教学设计，教学设计环节需要进行调整和修改。这就是基于学情的教学设计。

通过这个案例，我们可以发现“前测”的重要性，同样的课，学生的情况不一样，我们所设置的达成目标不一样，学习活动也会不同。“前测”能够帮助老师准确地了解学生在“哪里”，是准确制定学习目标的一个重要因素。

二、理性“后测”，巩固、拓展所学

“后测”即课后评价，用来检测目标达成度。“后测”题各种各样，有的是通过客观题目对学生学习进行评价，这种被称为“客观性评价”。有的是通过一个作品表达学生对目标的达成度，尤其适合对复杂表现性学习目标进行评价，这就是表现性评价。其实评价方式并不重要，重要的是我们要用什么样的手段才能够测出目标的达成度。当我们全身心考虑这一个问题的时候，就会想出各种各样的检测手段。

例如，五年级的《我的理想》作文评改课，其中一条学习目标设定为：运用

“三读三改”法评议同伴作文，听取同伴给出的合理建议，修改自己的习作，进一步提高写作水平。

对应此目标，我设计了这样的课后表现性评价任务：“课下，请同学们再次修改《我的理想》草稿，将修改后的文章发布到班级的博客群里，大家互相学习评论，给喜欢的文章点赞。赞数最多的前3名同学将获得班级电子相册的封面设计权和配乐选择权，期待大家的精彩表现！”

学生得到这样的任务，修改习作的积极性一下子高涨起来，因为他们不仅能得到同伴的认可，还可以有班级事务的决定权。一个有趣的评价任务远比普通的习作修改作业对学生的吸引力大。基于标准的学习目标的落实效果不言而喻。

通过“后测”评价，教师可以清晰地了解学生是否达到或超过了预设的学习目标。自我反思：学习目标落实了多少？还有哪些没有达成？采用什么方法更有效？下一阶段或下一节课的学习目标如何调整？反思高效，目标落实到位，这样，课标的要求才能真正落地。

如果说《课程标准》是课堂教学的出发点和归宿点，是教学的灵魂和方向，那么课标要求细化后的学习目标就是一切教学活动的起点和终点。依据学习目标设计的优秀课后作业不仅能帮助学生构建概念，培养自主学习能力、思维能力，帮助学生调整学习策略，逐步掌握语言知识和技能，而且能潜移默化地影响学生对语言学习的感受、思考和表达。因此，教师在进行作业设计时应当以学习目标为起点，最大限度地拓展学生的学习空间，充分发挥作业设计应有的功效，让语文课堂能够走得更务实、更有效、更深远。

21 小学《英语》五年级上册课程纲要解读

房 燕

我们英语教研组在熟读《英语课程标准》的前提下，结合我校的实际情况和学生的学情，对《英语课程标准》进行了分解，再结合每个学期的教材，制定出了学期课程纲要。本纲要的作者在“全区基于课程标准的课程纲要研讨会”上，向全区教师作了详细的解读。

一、课程背景

《课程标准》对本学期教学目标的基本要求：对继续学习英语有兴趣；能用简单的英语交换有关个人、学校和朋友的简单信息，并能就日常生活话题做简短叙述；能在图片的帮助下听懂、读懂并讲述简单的故事，能在教师的帮助下表演小故事或小短剧；能根据图片、词语或例句的提示，写出简短的描述，能正确使用大小写字母和常用的标点符号；乐于了解外国文化和习俗。

本册教材以话题为纲，每个单元一个话题，共 7 个单元；以交际功能和语言结构为主线，逐步引导学生用英语完成实际且有意义的任务。Unit1 是与教师节有关的话题，主要内容是一般过去时。学生之前没有接触过一般过去时，所以，在进行这部分知识的教授时，一定要结合具体的情景。Unit2 的话题是“feelings”，继续学习和运用一般过去时。Unit3 的话题是生日，Unit4 的话题是加拿大的学校生活，Unit5 的话题是运动，Unit6 和 Unit7 的话题分别是圣诞节和中国的春节。每个单元的话题虽然前后没有联系，但学习内容具有顺承关系。教授最后两个话题时，可以结合实际，并进行对比。

与四年级教材相比，本册教材中的课文篇幅较长，词汇量增大，而且增加了对书写单词、词组或句子的要求。每个单元后面的“Try yourself”里有篇配图小故事，这与课标里的“尝试阅读英语故事及其他英语课外读物”相匹配。而且，除了 Unit4 和 Unit7，其他单元的第 3 课都是用一般过去时讲述前两课所发生的事情。

五年级学生的年龄在 10～11 岁左右，虽然处于高年级学段，但仍然活泼好动，喜欢直观形象思维和抽象思维相结合，对游戏、竞赛有兴趣。他们在学习了两年的英语后，已经完成了一级目标的学习，能够根据教师的简单指令做动作、做游戏、做事情，能进行简单的角色表演，并养成了一定的英语学习习惯；但他们对英语的学习兴趣有所下降，在学习方法和学习策略方面存在经验不足等问题，加之有些家长不重视孩子的英语学习，所以出现了一定的两极分化现象。我们在进行学情分析时，遇到两种情况：第一种情况是自己从四年级带上来的班级，教师对学生的学习习惯、认知水平和学习能力有一定的了解，所以在进行学情分析时是比较容易的；第二种情况是新接手的班级，教师对学情一无所知，这样可以通过跟之前的老师进行沟通了解，查阅之前学生的过程性评价和终结性评价，进行问卷调查或者前测练习（学习兴趣、学习习惯、已有水平等）等方法进行学情分析。这里需要注意的是，在本学期开学前的暑假里，很多学生会预习甚至是学习新知识，所以，我们觉得前测练习是必要的，有助于教师了解学生掌握知识的程度。

二、学期目标

根据《课程标准》的要求，结合教材以及学情分析，制定出本学期的学期目标。

1. 能通过做游戏、说唱、玩演等多种活动方式，听懂课堂活动中简单的提问并给出正确的应答，能够积极参与各种课堂学习活动。能够借助多媒体网络资源，保持对英语学习的兴趣。

2. 借助图片、图像、手势、多媒体动画，能够听懂简单的话语、录音材料及小故事。能通过听、跟读、自读、上传录音的方式，正确流利地朗读课文会话，要做到大胆说，发音清楚，语音、语调正确。通过表演课本剧或创编英文小对话的方式，在教师和同伴的鼓励、评价下，乐于模仿，敢于表达，喜欢表达。

要求学生能借助图片读懂简单的小故事，就是要求学生能达到理解的程度，包括对故事主要内容的理解、主要人物的理解、故事情节的理解，但从三级要求的内容来看，应该不包括故事细节的理解，不包括逻辑关系的理解，不包括引申意义的理解。按照意群，即把课文中意义上有联系的单词作为整体来识别，这有助于学生以有意义的短句为单位来阅读，而不是一个词一个词地读。这个要求是比较高的，要求学生能够理解意群，也就是理解语句结构。

3. 通过学唱自然拼读的歌曲和 chant，掌握更多字母及字母组合的拼读规律，能根据拼读的规律，正确读出本册课本的新单词，以及课外读物中遇到的新单词，培养学生主动学习的能力。

4. 通过小组合作，根据自然拼读的规律，以及运用读物中的 notes，尝试阅读每个单元“Try yourself”中的英语小故事或自己感兴趣的课外英文读物，并可以在教师或图片的帮助下复述简单的故事，养成按意群阅读的习惯。

二级标准的原话是“描述或讲述简单的小故事”。通过对比发现，复述的意思是以现成的语言材料为表达对象，以读和听为表达基础，具有模仿性。描述的意思是以客观存在的事物为表达对象，以观察为基础，具有独创性。

5. 通过参与课堂上创设的情境，结合真实有意义的语境，使用话题词语和句型，能用一般过去时描述以前的状态，正确表达自己的感觉。通过对比、探究、小组合作的方式，学习西方的圣诞节和中国的春节，能初步注意到中外文化的异同，乐于接触外国文化。

6. 通过临摹字帖、教师讲解和同伴互助，正确、规范地书写单词和句子，并正确使用大小写和常用的标点符号。

情感态度、学习策略、文化意识是没有一级目标的。例如，二级标准里有一条是“能体会到英语学习的乐趣”。虽然没有一级目标，但是三年级或四年级的学生也要有学习英语的兴趣和乐趣。所以，我们在分解这个标准时，把行为动词进行了区分：三年级的目标是激发英语学习的兴趣，四年级的目标是有继续学习英语的愿望，五年级的目标是能够保持继续学习英语的兴趣。

三、课程内容

前已述及，这里不进行过多阐述。

四、课程实施建议

（一）课程资源

1. 教材：义务教育教科书《英语》五年级上册，山东科学技术出版社出版。

2. 学习材料：《小学生学习园地·英语》五年级上册，山东科学技术出版社出版。

3. 工具材料：电脑、课文动画、点读笔、单词卡、人物头饰等。

4. 网络资源：一起作业网、班级群以及乐教乐学平台。

（二）教学方式

1. 利用课件、多媒体资源、头饰、给人物配音以及教师的表情和肢体动作，激发学生学习的积极性。如在学习 Unit2“感觉”这个话题时，教师可以充分利用自己的表情和肢体动作，带领学生一起表演，帮助学生学习、理解和体验表示感觉的词。

2. 通过情境创设、开展游戏、角色扮演、交流互动等方式进行口语交际，在模仿秀、表演课本剧、创编对话的活动中，让学生养成跟读模仿、大胆开口、乐于表达的英语学习习惯。

课堂上，教师要创设接近于真实生活的情境，让学生去运用语言。活动要有明确的交流目的和真实的交流意义，活动的内容和形式要贴近学生的生活实际，符合学生的认知水平和生活经验。如 Unit5 第 1 课是关于运动社团的话题，教师可以根据学校的实际情况，开展一次真实的学校社团招新活动。

3. 利用多种形式的表扬和鼓励，调动学困生的学习积极性和主动性，如教师和同伴的表扬、鼓励；还可以用一起作业网的课堂奖励功能鼓励学生学习。

4. 可以根据实际情况，调整教材进度，以达到真实的交流意义。例如，新学期开学不久，有的学校会进行社团的招募，所以，我们可以根据实际情况提前学习 Unit5。再如，班里有某个孩子过生日，那我们可以提前学习 Unit3。还可以进行教材的整合，如最后两个单元的话题分别是西方的圣诞节和中国的春节，我们可以将这两个单元放在一起进行对比学习，让学生通过对比、网上搜集资料、小组讨论等方式，找出中西方节日文化的差异。

5. 创设不同形式的英语活动，激励学生参与，如书写比赛、课本剧表演、绘本制作等。

6. 教会学生用圈一圈、画一画、记一记等方法做标注。在课堂上，利用小组的力量，保持学生良好的学习习惯。

7. 帮助学生建立单元学习的意识。可以利用每个单元后面的“check it”来帮助学生总结、归纳、整理知识脉络。第 4 课的学习和后面的“check it”，是为了让学生形成以单元为整体的意识，通过教师的引导，让学生学会自己去梳理每个单元的重点语句和脉络。

（三）学习方式

1. 课上集中注意力，在教师的带领下，尝试做简单的笔记。课后主动复习。

2. 借助课文动画或者点读笔，通过听、跟读、自读、上传录音、同伴互助的方式，听懂并正确朗读会话，并要做到大胆读。

3. 通过小组合作，积极主动地参与课堂活动，遇到困难时主动寻求同伴或者老师的帮助。

4. 利用自然拼读的规律，借助点读笔，尝试阅读简单的英语故事，从而爱上阅读英文故事。

5. 利用一起作业网，进行知识的预习和复习。

6. 借助临摹、同桌互助、课堂展示、书写比赛等形式，正确书写单词和句子，养成良好的书写习惯。

五、课程评价

该部分在课程纲要里有详细的阐述，这里也不再过多分析。

22 唐槐书院

——教师专业成长的舞台

刘 静

正阳路小学2015年3月建校，建校两年多以来，学校的基础建设日臻完善，现代化配备已基本到位。现在学校有35个教学班级，90多名在职教师，小学生接近1600人，办学规模不断扩大。学校发展的生命力在于教育教学的质量，而教师是决定教育教学质量高低的关键所在。教师成长应该是一个主动发展的状态，要有持久的内心驱动，还要有一个促进教师成长、去行政化的良好环境。正如“鸡蛋，从外打破是食物，从内打破是生命；人生，从外打破是压力，从内打破是成长”。

2015年12月，学校从如何发展的角度出发进行战略研讨，把2016年定位为学校内涵发展年。本年度的工作重点就是探讨教师专业发展的途径——筹建教师成长俱乐部，打造正阳名师。在教师成长俱乐部筹建过程中，依据学校地域文化，努力打造教师专业成长发展品牌，把教师成长俱乐部更名为“唐槐书院——名师成长俱乐部”。

一、“唐槐书院”的组建过程

（一）组建背景

2016年1月16日，我校《小学课程体系建设与优化之研究》市级课题申报成功，宣布我校正式踏上课程体系建设之路。课程的建设和发展来自于教师的专业化水平和综合素质。为了使教师尽快成长为师德标兵、教学能手和教研骨干，打造一支全能型、智慧型、具有可持续发展能力的现代化青年教师队伍，我校成立了名师俱乐部，助推了教师的专业发展。

（二）制度保障

名师俱乐部成立后，学校制定了相关的制度来保障俱乐部的活动。

1. 公布学校实施方案，教师进行全面了解。教师自愿递交申请，组建名师成长俱乐部。

2. 制定《名师成长俱乐部章程》。

3. 建立健全组织，明确责任、义务，进行宣誓仪式。

二、“唐槐书院”的运行过程

（一）专家进校园指导教师发展

2016 年 3 月 5 日，张斌、李锋两位博士到我校作报告。教育体育局领导、进修学校程校长、部分教研员和正阳路全体教师参加了本次活动，揭开了教师专业发展的序幕。同时，两位博士通过网络等途径对参与教师进行线上指导。2016 年 4 月、7 月、10 月，李锋博士又先后三次到校指导。通过这些活动，我校教师对《课程标准》的分解、教学目标的制定、课堂教学评价的设计、教学活动的设计、课程纲要的撰写等有了技术上的了解和掌握，同时，也对“教—学—评”一体化教学理念有了更加清晰的认识。2016 年 7 月 4 日，郑州教研室课程处主任卢臻到校指导，一天的报告，让全体教师对基于标准的课堂教学有了更为真切而明晰的认识，特别是下午的沙龙活动，老师们的参与度、参与人数都让我们深刻地感受到大家对这一工作的认可。应该说，学校的发展之路进一步达成了共识，教师的专业发展之路也进一步明确。

（二）教师专业发展过程

每周三，结合学校工作安排，书院以不同的形式开展校本教研活动，交流来自不同方面的教学实践感悟，鼓励教师在不断的实践中反思并在不断的反思中进步，形成各学科的教师骨干。

1. 开展教师读书提高活动。教师自主选择阅读书籍，写好读书笔记、读后感，并进行交流，提升教学经验，促进教师自我发展。

2. 课题引领教师专业发展。跟随张斌、李峰博士的指导，积极进行《基于课程标准的教学设计》教学研究，从“学习《课程标准》—分解《课程标准》—制定学习目标—设计评价—设计教学活动”中，把学到的学科技术用于自己的课堂实践，及时反思、总结，探索新的教学模式。开启讲、练、评三段师训模式：1/3 的时间，专家培训；1/3 的时间，老师实践练习；1/3 的时间，专家点评。

3. 课堂观评课更科学、更专业。根据崔允漷教授提出的课堂观察中 4 个维度、20 个视角、68 个观察点的理论基础，找到“小窗口”课堂观察模式，三五位教师为一组进行小窗口观察。提炼出“211”观评课模式，即两次集体备课、一次课堂实践、一次评课。

4. 开展课程纲要的撰写，提高教师对教材整合的能力。为帮助教师形成学科观或课程意识，从“一节课”走向“一门课”，崔教授提出撰写“学期课程纲要”的主张。俱乐部的老师们在开学前的暑假中进行了下一学期的课程纲要撰写。把学生一个学期要学的内容进行了规划和研究，为教学工作指明了方向。

5. 教师讲述自己的成长故事或感悟。名师俱乐部成员在观察体验、学习思考、参与研究、实践总结中进一步剖析自己的发展状态，确立新的发展目标。我们把自己的教学案例、教学反思分享出来，形成正阳路老师自己的专业瑰宝——名师成长材料。

三、“唐槐书院”的成果

2017 年，俱乐部有 17 人次在各类会议活动中发言。区级典型发言 65 人次，我校有 20 人次，占近 1/3，这在周村区教研的历次教研活动中是绝少有的。应该说，如果我们没有开展这项工作，就不会有广大教师今天的出色表现。

23 话说“魅力唐槐”

张　学

“魅力唐槐”课程是我校利用信息技术、综合实践两个课堂开展的基于信息技术的综合实践项目课程，它以核心素养体系为基础，以综合实践活动为载体，以信息技术手段为支撑，突出学科间的相互关联、学生综合能力的培养以及小组合作能力的培养。

一、“魅力唐槐”课程的起源

（一）从存在的问题说起

说起“魅力唐槐”课程，就不得不说一下信息技术学科教学中遇到的诸多问题，相信这些问题各位老师们或多或少地都遇到过。

1. 信息技术课堂处于原来只讲技术，现在羞于谈技术的境地。笔者从事信息技术教学工作已经有 18 个年头了，在这期间，信息技术的课本经过了几次改版，以前每一章的每一节课专门讲技术，如这一节课讲 word 文件的建立，下堂课就开始讲怎么修饰文字，老师讲得累，学生听得淡然无味。如今泰山版新教材以学生的信息需求出发来引领教材设计，每一堂课的内容都是由学生的信息需求为引领展开的，学生的兴趣开始被调动，但是课堂又走入了羞于谈技术的误区，学习技术时总是遮遮掩掩。不仅学生迷糊，笔者自己有时也在疑惑：活动和技术，应该怎样来合作共赢?

2. 课堂上学习的知识点零散，学生们经常是学了这个忘了那个。信息技术课堂上的学习，技术知识点在创设的情境中学习完后就被束之高阁，前后学习的知识点相互联系很少，很多学生等到要用的时候才发现好像没有学习过。

3. 课本上创设的情境跟不上学生的现实情景的变化。学生学习后不能在生活中有效地使用技术，导致技术的价值不能在生活中得以体现。信息技术学科成了一门近似无用的学科。

4. 不能用有效的活动来引领小组建设，导致课堂上的学习出现有小组无合作的情况。由于信息技术课堂存在诸多问题，学生们学习时犹如云里雾里。上课时练习打字、画图、创建 word、做 ppt，跟着老师走，老师到哪儿学生到哪儿，期末问问学的啥，三个字“不知道”。吸引孩子们喜欢信息技术课的，绝不是信息技术课堂本身，而是孩子们经常使用的信息工具——计算机。

2016 年 3 月，我校开始进行基于课程标准的教学研究，跟随着唐槐书院的研究步伐，我们学校的课程改革正式拉开了序幕。

（二）课堂学习方式改革——项目学习

关于信息技术学科的问题，我们进行了不止一次的讨论。领导非常慎重地考虑我们提出的每一个意见和想法，积极聘请专家为我们出谋划策。张洪老师提出信息技术学习可以以项目学习的方式开展，让学生根据选定的项目开展学习，让技术寓于生活情境中进行学习。这不仅让学生兴趣高涨，也让技术的价值得以体现。

引用 2018 年 1 月最新出版的《教育教学研究中》郭华老师在《项目学习的教育学意义——理论探索》中对项目学习的定位：项目学习是在系统学科知识学习的基础上，学生综合运用多学科学习成就进行自主学习的一种综合性、活动性的教育实践形态。这种教育实践形态不可能取代系统的学科教学，也不是可有可无的，而是作为系统的学科教学的最重要的“对立面”，与它相互映照、相互支撑、相辅相成。

（三）“魅力唐槐”项目的提出

确定了项目学习的方式，接下来的问题就变成了“选择什么样的项目开展学习”。

项目学习并不是基于学生日常经验的“做中学”，也不是企图替代学科课程与教学的“活动课程”“设计教学法”，而是在学科课程教学基础上对学科知识的跨学科的、综合的、社会性的运用。

既要让孩子们有兴趣，选用孩子们生活中常见又不太熟悉的内容，又要在探究的过程中让孩子们学会技术，在活动中体现技术的价值。领导限期出方案，可是我苦思冥想，不得其解。保护环境，观察动物、植物的生长……许多项目提出来了，但又不理想，感觉没有新意。

暑假时我从学校出来，信步向东，一抬头，看到了校门东侧屹立千年的古树——唐槐。唐槐，位于正阳路小学校园东侧的唐槐街上，相传因种植于唐代而得名。在20世纪70年代，唐槐还枝繁叶茂，后因环境污染而逐渐干枯死去。1998年被命名为“淄博市古树名木”，现树高6米，树围5.5米。此刻的唐槐，仿佛一位历经沧桑的老人，静静地卧在唐槐亭下，那满身斑驳的树皮仿佛在向我诉说着千年的故事。唐槐，学生在生活中经常见到，但是又不熟悉，如果以唐槐为载体开展项目学习，在围绕唐槐进行探究的过程中进一步了解唐槐，以技术来支撑学习，并通过了解唐槐增强对家乡的热爱，这样不是一举多得了吗？我把探究唐槐的想法提出来后，得到了领导和同事们的全票通过。

（四）“魅力唐槐”设计思路

想到就开始做起来，我们首先理顺了“魅力唐槐”的设计思路。

首先，在课堂的组织方式上，我们利用每个班的信息技术与综合实践课堂，开展以项目活动为引导、以信息技术为支撑的基于信息技术的综合实践项目探索，“魅力唐槐”课程是我们开发的第一门基于信息技术的综合实践课程。

其次就是课程理念的引入。课程是指学校学生所应学习的学科总和及其进程与安排。课程是对教育目标、教学内容、教学活动方式的规划和设计，是教学计划、教学大纲等诸多方面实施过程的总和。广义的课程是指学校为实现培养目标而选择的教育内容及其进程的总和，它包括学校老师所教授的各门学科和有目的、有计划的教育活动。狭义的课程是指某一门学科有目的、有计划的教育活动。“魅力唐槐”是围绕唐槐树开展的基于信息技术的综合实践课程。我们在撰写“魅力唐槐”的课程纲要时，数易其稿。从开始写课程纲要，到暑假开学后第一堂课上课前，就经过了前后五稿的修改。开学后在实施过程中，更是发现问题就及时修改课时教案，更新课程纲要中不合适的地方。在修改的过程中，也更注重从整体上把握课程进行设计。

再次是学习目标的确定——基于《信息技术课程标准》，重视对多学科知识的综合运用。开展项目学习，是针对信息技术教学现状所作出的改变，是用信息技术来支持真实情境下的学习，因此我们将《信息技术课程标准》进行分解，确定五年级需要达到的信息技术学习目标，将相应的学习目标分散在各个活动中，保证了五年级信息技术学习目标的实现。针对课本的技术要点零散的特点，我们在“魅力唐槐”的设计中按照活动的设计来实现相应的技术目标的学习，让技术大大方方地出来见人。在每个活动的教学中，我们遵循“教、学、评”一体化的设计，让学生在真实的情景中进行技术的学习，同时也体会了技术的价值所在。

二、“魅力唐槐”的具体内容

下面，笔者将从课程背景、课程内容、课程实施、课程评价、实施感想及打算几个方面来详细介绍“魅力唐槐”课程。

（一）课程背景

1. 国家背景。一提到2016年9月，我们马上会想到“中国学生发展核心素养”正式出炉。所谓“学生发展核心素养”，主要是指学生应具备的、能够适应终身发展和社会发展需要的必备品格和关键能力。正式发布的“中国学生发展核心素养”共分为文化基础、自主发展、社会参与三个方面，综合表现为人文底蕴、科学精神、学会学习、健康生活、责任担当、实践创新六大素养，具体细化为国家认同等18个基本要点。在社会参与方面下的实践创新素养，主要是指学生在日常活动、问题解决、适应挑战等方面所形成的实践能力、创新意识和行为表现，具体包括劳动意识、问题解决、技术应用等基本要点。信息技术作为一门技术学科，利用技术来支撑学习活动，也正能体现技术的价值所在。

2. 学情分析。五年级的孩子已经从被动学习向主动学习转变，对事物开始有了自己独立的看法，对生活中的事物有浓厚的探究兴趣。通过正确的引导，可以利用他们对自然和社会的探索激情和求知欲望，使其综合能力得到快速提高。技术层面上，学生已经学习了两年的信息技术，认识计算机的各个部件，掌握了汉字输入、画图的使用方法，初步学习了word、QQ、邮箱、论坛的使用。

3. 课标分析。在了解初中《信息技术课程标准》的基础上，我们对小学《信息技术课程标准》进行了分析、分解，将《课程标准》的内容对照现在的课本内容进行层次划分，划分出的三个层次分别对应着三到五年级学生应该达到的目标。层次三的目标可概括为小学高年级信息技术强调对信息技术和信息文化的体验与感悟。在使用信息技术时学会与他人合作，学会使用与年龄发展相符的多媒体资源进行学习；感受编程思想。

4. 教材内容分析。五年级的教材内容包括网络资源的获取，图像、声音、视频信息的获取和处理，综合运用多媒体素材表达信息。

基于以上思考，我校将信息技术和综合实践活动两节课连排，开展基于信息技术的综合实践项目课程。按照项目探究的过程，将课本上的技术学习点打乱，重新分布在课程内容中，让学生在真实的情境中分组合作进行技术的学习，在掌握基础知识和基本技能的基础上，体验信息技术的价值，感悟信息文化。

（二）课程目标

1．利用信息工具采集唐槐的相关信息，了解唐槐的历史、与唐槐有关故事、槐树的生物特征，感受唐槐对周围文化的影响；知道唐槐的死亡年代，分析唐槐死亡的原因（通过网络、调查、采访等方式采集信息）。

2．利用调查报告的方式整理采访记录，对获取的唐槐的信息进行整理、共享、处理；利用课件制作探究报告展示本组的探究成果（整理文字、图片、声音、视频等信息，并利用相应软件进行成果展示）。

3．了解最近几年对唐槐的保护情况；帮助孩子们形成保护动植物、保护环境的意识，培养热爱家乡的情感。

（三）课程内容

专题	单元主题	教学内容	课时
“魅力唐槐”基础篇	第一章　向往唐槐	第一节　我们组队了	2
		第二节　分享课程纲要	2
		第三节　槐海探秘（一）（二）	4
	第二章　走近唐槐	第一节　确定探究方向	2
		第二节　走近唐槐	2
	第三章　再认识唐槐	第一节　分类整理信息	2
		第二节　共享、下载资料	2
		第三节　图片处理	2
	第四章　约定唐槐	第一节　探究报告规划	2
		第二节　制作探究报告	4
	第五章　唐槐绽放	第一节　展示评价	2
		第二节　交流收获	2

（四）课程实施

1．课程资源：

（1）教材：义务教育山东省小学课本《信息技术》五年级上册，泰山出版社出版。

（2）微机室、计算机、数字设备（平板、手机）、群邮箱。

（3）课件、网络资源、教案、学案、社会资源。

2. 实施策略：

利用基于信息技术的综合实践活动课程开展基于项目的学习。在各个项目中应遵循的基本步骤有：提出问题、制订计划、获取信息、处理信息、交流信息、评价。

（1）基本的学习方式：自主探究和小组合作学习相结合。学生在老师的指导下开展自主探究学习、小组合作学习。学习过程中，以4—6人为一个小组，开展学习活动，分工合作，共同完成学习任务。

（2）具体的任务：

通过“向往唐槐”活动，学生创建小组、制定小组公约、分享课程纲要，从网络上了解槐海的相关信息。

通过“走近唐槐”的探究活动，确定探究方向，运用采访、调查、拍照等方式采集与唐槐有关的信息，初步培养多方获取信息的意识。

通过“再认识唐槐”活动，整理资料，分享资料，处理资料。

通过“约定唐槐”活动，制作探究报告，表达自己组的探究成果。

通过唐槐绽放活动，结合探究报告进行展示，相互评价，分享感想。

（五）课程评价

1. 评价设计思路分为过程性评价和成果评价两种。

（1）过程性评价分个人和小组两种。

A. 过程性评价（个人）。

评价设计：在课堂中，组长根据组员的学习态度、纪律、参与、合作、成果等方面进行评价，评价分别为★★、★和不得★，最后综合评价为优秀、良好、合格和不合格。课堂评价为不合格的组员，下堂课老师会特别关注。

评价量规：10★—12★为优秀，7★—9★为良好，5★—6★为合格，5★以下为不合格。

＊＊＊活动评价量表

201 级 班　　　　201 年 月 日

<table>
<tr><th rowspan="2">组别</th><th rowspan="2">姓名</th><th rowspan="2">学习态度</th><th colspan="4">课上学习</th><th rowspan="2">自评（★★\★\不得星）</th><th rowspan="2">组长评价</th><th rowspan="2">教师评价</th></tr>
<tr><th>纪律性</th><th>参与的积极性</th><th>合作程度</th><th>活动成果</th></tr>
<tr><td rowspan="8">第
组</td><td></td><td></td><td></td><td></td><td></td><td></td><td></td><td></td><td></td></tr>
<tr><td></td><td></td><td></td><td></td><td></td><td></td><td></td><td></td><td></td></tr>
<tr><td></td><td></td><td></td><td></td><td></td><td></td><td></td><td></td><td></td></tr>
<tr><td></td><td></td><td></td><td></td><td></td><td></td><td></td><td></td><td></td></tr>
<tr><td></td><td></td><td></td><td></td><td></td><td></td><td></td><td></td><td></td></tr>
<tr><td></td><td></td><td></td><td></td><td></td><td></td><td></td><td></td><td></td></tr>
<tr><td></td><td></td><td></td><td></td><td></td><td></td><td></td><td></td><td></td></tr>
<tr><td></td><td></td><td></td><td></td><td></td><td></td><td></td><td></td><td></td></tr>
</table>

B. 过程性评价（小组）。

每堂课按学习态度、纪律性、参与的积极性、合作程度、活动成果在苹果树上挂苹果，评选最优小组，在过程性评价记录量表上点赞，作为课堂过程性评价得分。

＊＊＊＊过程性评价记录量表

201 级 班　　　　自 201 年 月 日起

<table>
<tr><th rowspan="2">组别</th><th rowspan="2">成员姓名</th><th colspan="10">过程性评价</th><th rowspan="2">探究报告评价</th><th rowspan="2">综合评价</th></tr>
<tr><th>1</th><th>2</th><th>3</th><th>4</th><th>5</th><th>6</th><th>7</th><th>8</th><th>9</th><th>10</th></tr>
<tr><td>1</td><td></td><td></td><td></td><td></td><td></td><td></td><td></td><td></td><td></td><td></td><td></td><td></td><td></td></tr>
<tr><td>2</td><td></td><td></td><td></td><td></td><td></td><td></td><td></td><td></td><td></td><td></td><td></td><td></td><td></td></tr>
<tr><td>3</td><td></td><td></td><td></td><td></td><td></td><td></td><td></td><td></td><td></td><td></td><td></td><td></td><td></td></tr>
<tr><td>4</td><td></td><td></td><td></td><td></td><td></td><td></td><td></td><td></td><td></td><td></td><td></td><td></td><td></td></tr>
<tr><td>5</td><td></td><td></td><td></td><td></td><td></td><td></td><td></td><td></td><td></td><td></td><td></td><td></td><td></td></tr>
<tr><td>6</td><td></td><td></td><td></td><td></td><td></td><td></td><td></td><td></td><td></td><td></td><td></td><td></td><td></td></tr>
<tr><td>7</td><td></td><td></td><td></td><td></td><td></td><td></td><td></td><td></td><td></td><td></td><td></td><td></td><td></td></tr>
</table>

（2）成果评价：

各组结合相应活动的探究报告进行展示，展示后全体小组根据评价量规进行评价，并将自己组选出的三份最优展示挂上苹果。本次得苹果数最多的作品为本班的优秀作品。

探究报告评价量规

201 级 班 组 201 年 月 日

项目	具体标准	星级	1	2	3	4	5	6	7
内容	报告围绕本组探究主题展开，有准确的标题，用幻灯片展示主题	★★							
	使用的图片、文字信息紧贴主题	★★							
	幻灯片的张数大于 12 张	★							
	正确恰当地使用图片、动画、表格等信息	★							
技术	结构设计合理，顺序符合逻辑	★★							
	动画效果设置恰当，出示时间合理	★							
	页面效果设置恰当，出示时间合理	★							
	文字的字体、字号、样式使用合理	★★							
	图片的大小、质量、效果合理	★★							
界面	演示文稿总体和谐、操作方便	★							
	演示界面整齐	★							
感想	活动感想内容丰富	★							
	能体现环境保护或动植物保护的意识	★							
演示	演示过程中用不同的方式跟读者进行交流，而不仅仅是读文字	★							
	语言简洁明了，信息量比较充足	★							
加分项目	组内同学全员参与演示	★★							
合计		22★							
综合评价	18★—22★为优秀，15★—17★为良好，12★—14★为合格，12★以下为不合格								
优缺点记录									

2. 评价方式及结果处理：

（1）与不得星的学生课后进行交流，分析原因，让学生都有进步。

（2）将不合格作品发回小组修改，直到全班评价合格为止。

（3）优秀团队评选：项目结束时，课堂按照过程性评价得分（50%），探究报告评价以每组最终提交的探究报告评价得分（50%）。项目结束时，按照以上两项相加的得分评选优秀团队，颁发奖状。

三、课程实施感想

自2016年8月开学以来，我们在五年级开展了“魅力唐槐”课程的学习。“魅力唐槐”课程包括分组、分享课程纲要、槐海探秘、实地漫步、资料整理、图片处理、探究报告规划、制作、展示等活动，共实施15周。孩子们以小组为单位积极参与各项活动，在活动中共同成长。

在活动最后谈收获时，孩子们纷纷道出了自己在“魅力唐槐”活动中的收获：有关于唐槐的，他们如了解了唐槐的历史、唐槐的故事、唐槐的文化……也有学生由唐槐的经历想到了我们要爱护环境，爱护我们身边的动植物，不要让唐槐的悲剧重演。有关于信息技术的，他们会管理自己的文件夹了，会利用QQ进行资料共享了，会利用acdsee处理图片了……有关于语文的，他们学会了写调查报告，学习了口语表达的技巧，要尝试更好地表达自己；有关于小组合作的，他们在小组活动中感受到小组合作的重要性，作为小组的一员应该积极参与，这样小组的活动才会越来越好……

可以说，“魅力唐槐”课程既激发了学生学习的兴趣，又开阔了学生的眼界，促进了学生综合素质的提高和多方面能力的协调发展。

在设计课程时，因为考虑不周也出现了各种各样的问题。仅仅就课程纲要来说，就已经数易其稿。在课程开设过程中，往往是设计好课程后进课堂实践，发现不合适的地方进行修改，再进课堂实践，再修改。力争让“魅力唐槐”课程的开发实现让学生学得好的目标。我们相继开发了“魅力唐槐”“蜂巢探秘”“幸福正阳拍客行”等项目课程，受到了学生和家长们的一致好评。

我校的信息技术团队将继续依据《课程标准》，结合学情和我校周边的各种资源，设计一系列的基于信息技术的综合实践项目课程，让信息综合实践项目课程成为正阳学子最难忘的记忆！

图书在版编目(CIP)数据

基于《课程标准》的课程纲要与教案研究/李强,党东昉,魏猛主编. —济南:山东大学出版社,2018.11
ISBN 978-7-5607-6230-2

Ⅰ.①基… Ⅱ.①李… ②党… ③魏… Ⅲ.①课程标准—教学研究—小学 Ⅳ.①G622.3

中国版本图书馆 CIP 数据核字(2018)第 275174 号

特约编辑:李　晨
责任编辑:马银川
封面设计:张　荔

出版发行:山东大学出版社
地　址　山东省济南市山大南路 20 号
邮　编　250100
电　话　市场部(0531)88363008
经　销:新华书店
印　刷:济南新科印务有限公司
规　格:787 毫米×1092 毫米　1/16
16 印张　30.8 万字
版　次:2018 年 11 月第 1 版
印　次:2018 年 11 月第 1 次印刷
定　价:49.00 元
